U0619849

二战风云
震撼博览

史诗巨著
全彩呈现

正义密码

第二次世界大战盟国秘事

胡元斌 严 锴 主编

台海出版社

前言PREFACE

1937年7月7日，驻华日军在卢沟桥悍然向中国守军开炮射击，炮轰宛平城，制造了震惊中外的"七七事变"，中国的抗日战争全面爆发。1939年9月1日，德国入侵波兰，第二次世界大战正式开始。1945年9月2日，日本签署投降书，第二次世界大战宣告结束。

这是人类社会有史以来规模最大、伤亡最惨重、造成破坏最大的全球性战争，也是关系人类命运的大决战。这场由德、意、日法西斯国家的纳粹分子发动的战争席卷全球，世界当时人口总数的80%的20亿人口受到波及。这次世界大战把全人类分成了两方，由美国、苏联、中国、英国、法国等国组成的反法西斯同盟国与由德国、日本、意大利等国组成的法西斯轴心国，进行对垒决战。全世界的人民被拖进了战争的深渊，迄今为止这是人类文明史上绝无仅有的浩劫和灾难。

在这场大战中，交战双方投入的兵力和武器之多、战场波及范围之广、作战样式之新、造成的损失之大、产生的影响之深远都是前所未有的，都创造了历史之最。

第二次世界大战的胜利具有伟大的历史意义。我们历史地、辩证地看待这段人类惨痛历史，可以说，第二次世界大战的爆发给人类造成了巨大灾难，使人类文明惨遭浩劫，但同时，第二次世界大战的胜利，也开创了人类历史的新纪元，极大地推动了人类社会向前发展，给战后世界带来了广泛而深远的影响：促进了世界进入力量制衡的相对和平时期；促进了一些殖民地国家的民族解放；促进了许多社会主义国家的诞生；促进了资本主义国家的经济、政治和社会改革；促进了世界科学技术的进步；促进了军事科技和理

论的进步；促进了人类认识史上的一场伟大革命；促进了世界人民对和平的深刻认识。

第二次世界大战的胜利也是世界人民反法西斯战争的胜利，是20世纪人类历史的一个重大转折，它结束了一个战争和动荡的旧时期，迎来了一个和平与发展的新阶段。回首历史，我们不应忘记战争给我们带来的破坏和灾难，不应忘记世界各个国家和人民为胜利所付出的沉重代价。作为后人我们应当认真吸取这次大战的历史经验教训，为防止新的世界大战发生，维护世界持久和平，不断推动人类社会进步而英勇奋斗。

这就是我们编撰《第二次世界大战纵横录》的初衷。本套作品综合国内外的最新研究成果和最新解密资料，在有关部门和专家的指导下，以第二次世界大战的历史进程为线索，贯穿了大战的主要历史时期、主要战场战役和主要军政人物，全景式展现了第二次世界大战的恢宏画卷。

该书主要包括战史、战场、战役、战将和战事等内容，时空纵横，气势磅礴，史事详尽，图文并茂，具有较强的历史性、资料性、权威性和真实性，非常有阅读和收藏价值。

正义密码

目录 CONTENTS

正义密码

第 二 次 世 界 大 战 盟 国 秘 事

首枚核弹诞生记

　　1945年8月6日，美国在日本广岛投放了一枚代号为"小男孩"的原子弹，8月9日又在长崎投放了第二枚代号为"胖子"的原子弹，这种威力无比的核武器造成了无数平民伤亡。消息传出后，举世哗然，赞同的有之，谴责的有之。那么，美国政府为什么要投掷原子弹，原子弹是怎样造出来的，其中又有哪些隐情呢？

科学家上书
美国研制原子弹

20世纪30年代，英国物理学家詹姆斯·查得威克、意大利物理学家费米和德国物理学家哈恩、施特芬斯等在原子物理的研究中发现，一克重的铀产生裂变后其能量相当于燃烧3吨煤或200升汽油所放出的能量，所产生的爆炸力也是巨大和惊人的。人类从此进入了"核"时代。

然而，就在科学家们对这一科学的发现感到欣喜的时候，纳粹德国也把目光盯在了这个伟大的成果上了。他们要利用这个科学的发现，把这一成果转移到战争中去。

1939年4月，纳粹德国将6名原子物理学家召集到柏林，举行秘密会议，决定开始制造能控制利用铀的装置，也就是原子弹。9月26日，德国正式制订了代号为"U"的秘密研制核武器的计划。

纳粹德国研制核武器让一些科学家感到担忧，流亡在美国的费米立刻联系了诸如西拉德、泰勒等人在美国积极奔走，呼吁美国尽快开展原子弹的研制工作。当他们向美国军

意大利物理学家费米

方提出这项计划时，美国军方并没有认识到原子弹能产生的巨大破坏力，所以对这些科学家的看法没有引起重视。

费米等科学家心急如焚，他们深知核能的巨大威力，如果纳粹德国抢先制造出原子弹，那么人类就将面临史无前例的巨大灾难。而要制造原子弹是需要雄厚的经济后盾和完整的科学体系以及科学人才的，还要有安定的社会环境。

这些条件，就当时的世界来说，只有美国符合。

费米、泰勒等科学家决定直接上书美国总统罗斯福，只有说服他采纳这个计划，才能尽早开始研究工作。他们还想到了德高望重的爱因斯坦，想请他作为代表向罗斯福进言，这样还可以增加说服的力度。

与此同时，罗斯福的好友和科学顾问阿列克谢·萨克斯也受科学家们的委托，向罗斯福总统进行游说工作，他讲到了拿破仑不听富尔顿的建议，拒绝制造蒸汽轮船，而丧失进攻英国的时机的故事。

他说："总统先生，我个人认为，原子能就在我们的身边，而且总有一天会有人能够控制并释放它那巨大的能量，这是毫无疑问的。我们不可能阻止他这样做，只能希望他不要把邻居炸飞。"

罗斯福听了萨克斯的话，幽默地说："我明白了，你现在所寻求的是保证纳粹不要把我们炸飞。"

12月6日，美国国会拨款20亿美元作为研究经费，正式启动名为"曼哈顿工程"的原子弹研究计划。

德、美两国都启动了核计划，为了掌握对方的进程动态进而遏制对方，他们在自身的保密和置对方于死地方面进行了大量的间谍侦察和破坏活动。

美国研制原子弹工作规模庞大、人员众多，但他们居然能在长达4年的时间里未被德国间谍机关了解到"曼哈顿工程"行动计划。

要知道，"曼哈顿工程"有成千上万热情的美国人参与其中，据统计，参加这项研制计划的美国人前后达60万之众，任何一个人如果口风不严都可能引起警觉性极高的外国间谍的注意。

正义
密码

"曼哈顿工程"的运作是分散在田纳西州、新墨西哥以及华盛顿等地秘密进行的。在这些人员庞大的研制队伍中，美国人组织了一批尽职合格的保密队伍。

这些经过训练的青年男女之间谈话用暗语，对核心研制人员的行动进行监控，负责检查每一份文件资料的收发，对散落在办公室里的每一张纸片进行详细检查处理，做到万无一失。

在60万参与人员中，他们与所有人员都有严格的保密协定，其中2000多个因口风不严、说话随便的职员受到了处分。在文职人员中，他们特别注意对每一位适应做这样高度机密工作的人的善后安排，做得周到、完满。使这些人在调离工作岗位后，也不会产生不满情绪而导致对"曼哈顿工程"工作产生负面影响。

最为困难的是参加研究的科学家们的保密工作。

许多人在国际上是原子物理学方面的著名人物，德国人只要知道这些人的行踪，自然会尾随其后并容易推测出美国人在何时、何地进行什么样的工作。因此，"曼哈顿工程"的反间谍机构对这些科学家进行了周密的安排，给这些科学家每人编上代号，并派专门警卫人员负责他们的行动安全。

美国人的保密措施的确是十分出色的，他们不仅成功地使本国科学家的行踪一直不为外人所知，而且还十分成功地将许多国家的科学家带到了美国，在高度保密的状态下参与研制工作。

在英国情报机构的帮助下，他们还把世界著名的原子物理学家玻尔从丹麦营救出来，化名贝克在美国秘密地从事了长达两年之久的研究。

与此同时，德国已经注意到，虽然美国从事核领域的研究是在德国的后面，但是德国却并不敢小视。因此，德国人在战争初期曾经派出两名最优秀的科学家来美国进行"交流"，但美国方面成功地阻止他们的企图，并利用科学家之间的这一"交流"，使德国人产生错误的判断。

他们得出的结论是，美国人的研究还停留在初期的阶段。

"曼哈顿工程"的反间谍保密工作不仅仅针对德国人，就连美国第二次

世界大战时最亲密的盟友英国人都难以窥其端倪。

英国物理学家阿兰对美国人的这项研究表现出极大兴趣，曾三次前往参观。美国人立即引起警觉，迅速采取措施加以防范，并协助英国有关部门对其进行调查。结果发现，这位科学家曾向苏联方面提供过铀标本和美国人研制的进展情况。英国方面立即将其逮捕，判以重刑。

"曼哈顿工程"的保密工作的确是美国反间谍部门的一项成功大作，真可谓史无前例。人们在钦佩之余，也产生不解和疑惑，以德国间谍机构的高超水平，何至于对这一情报无所作为？其实，这也是美国反谍报部门的棋高一筹。

"曼哈顿工程"实施期间，美国情报部门不断地制造假象以迷惑德国人，其中最多的是向德国情报部门提供假情报，使德国人误以为美国人的研究仍处于初级阶段。另一方面，也与德国情报部门的科学家分析失误有极大的关系。这批科学家自以为是地认为，世界上最优秀的德国科学家都未能在原子弹的研制方面有关键性突破，美国的科学家更是不在话下，他们只能跟在德国人的后面亦步亦趋。

相反，美国和英国的情报工作却十分出色，他们不但准确地把握了德国人研制原子弹的进展情况，而且还成功地策划了一次重大的破坏活动，炸毁了德国的重水工厂，阻滞了德国人研制工作的进展。

海森堡是否真的
为纳粹卖命

　　美国核武器的研制成功，除了政府的巨大努力外，还与全世界爱好和平的科学家密不可分。"曼哈顿工程"中的一些卓有成效的科学家起初都曾经为纳粹德国服务，尤其是丹麦的著名核物理学家玻尔教授，他当时并没有外逃，而是潜心地做自己的科学研究工作。后来在英国情报人员的努力下，幡然悔悟，并逃到了美国。

　　在"曼哈顿工程"中，玻尔教授带过许多学生，其中有些还是世界级的领军人物，他们的科学成就也是被人们所敬仰和尊重的，德国的核物理学家海森堡就是其中之一。

　　他是一个颇具争议的人物，起初人们认可的一个说法是：希特勒之所以没有研制出原子弹，是海森堡阻碍了希特勒开发核武器的进程。然而最近，随着玻尔一封尘封多年的信，关于海森堡在纳粹德国核武器研究中起到的作用问题，又一次在世人中掀起了波澜。1941年9月海森堡与玻尔在哥本哈根的会面，出现了一个令人无法解释的谜。

　　海森堡在科学上的贡献是巨大的，他天才般的见地以及在物理学史上的地位，世人虽有不同程度的评价，但无疑都是相当正面的。

　　然而，对于海森堡与纳粹德国的关系，他的为人处世，尤其是他充满争议的哥本哈根之行，却存在着许多针锋相对的评价：肯定他的人，把他描绘成道德上完美的化身，他是一个身处逆境却迎难而上的人，为了保护德国的科学研究，不惜忍辱负重，战后为恢复德国科学所作的种种努力，使他在德国科学界享有很高的声誉；而否定他的人，则把他看成是纳粹的帮凶，认为

他有着严重的人格缺陷，战后的种种说辞完全是文过饰非。

多年来，人们对海森堡的看法随着新证据的出现，也在不断地左右摇摆，对立的阵营始终泾渭分明，他们之间无法找到一个令双方都能接受的解释。

1992年出版的《海森堡传》则试图在这两极之间寻找一种平衡，该书用充满同情的口吻详细叙述了海森堡的科学研究与个人生活。无论对与错、伟大与渺小都不放过，使得对海森堡的评价更趋客观。

1998年，米歇尔·弗赖恩出版了剧作《哥本哈根》，在剧中，海森堡被描写成阻碍纳粹开发核武器的英雄。后来该剧被搬上舞台，在英国连演18个月，之后还在百老汇上演，并获成功。

《哥本哈根》出版后，海森堡再次成为世人关注的焦点，它不只是引起了史学家的关注，更是扩展到了社会各个阶层。2002年2月18日，弗赖恩在《法兰克福汇报》上又发表了一篇题为"我给海森堡一个自我辩护的机会"的文章，充分阐明了自己的"同情"观。弗赖恩本人并没有想到自己的作品会如此成功。

就在这种同情观占据上风的时候，英国《星期日泰晤士报》刊出了最新消息，玻尔研究所新公布了资料——包括玻尔写给海森堡但一直没有寄出的一封信。在这封信里，玻尔回忆了他和海森堡1941年的那次会面，当时，海森堡曾警告他的导师说，希特勒已经成立了一个"铀俱乐部"专门研究原子弹。战争可能会由核武器的出现而结束，而希特勒正是在从事核武器的研究。

这与以往的一些说法大相径庭。据以往的说法，海森堡虽然迫于形势不得不为纳粹工作，但却是"身在曹营心在汉"。尽管当时海森堡已经掌握了制造原子弹的关键技术，却避开原子弹的研究，集中力量研究反应堆和回旋器，显然是有意拖延研制进程。

两种不同的观点发生了激烈的碰撞。那么，当年海森堡和玻尔在一起到底都谈了些什么？

1940年春，德军占领丹麦的第二天，海森堡曾写过一封信给他的汉堡同

行——德国原子弹计划参与者、德国核试验计划关键人物之一的德国物理化学家保尔哈特克。在信中，海森堡请保尔哈特克和卡尔弗里特里希·冯·魏茨泽克一道前往哥本哈根，因为他要在那里同某研究机构的负责人玻尔商谈要事。

1941年9月，海森堡前往哥本哈根，找到他的老师玻尔并与之进行了一次谈话，但是谈话不欢而散。2002年2月，玻尔研究所公布的文献似乎仍对海森堡当时的动机持有疑虑：海森堡是否想从玻尔那里打探为德国制造原子弹的技术？但是，从海森堡写给保尔哈特克的信中看，这次哥本哈根之行一年半以前就已开始策划了。海森堡的学生魏茨泽克在接受德国媒体采访时说，海森堡此行的目的主要是为了玻尔的安全，他只想知道，他的老师是否需要在他帮助下离开哥本哈根，或者说，他至少能让德国驻丹麦机构为玻尔提供方便。

直到1941年春天，魏茨泽克才找到机会去哥本哈根作报告。他利用这次机会为海森堡和玻尔会见积极准备。开始，魏茨泽克通过关系找到了德国驻哥本哈根公使冯克，请他给玻尔以保护。但魏茨泽克得到的回答是玻尔根本不愿意与冯克接触。后来，魏茨泽克在哥本哈根向德国驻丹麦代表处建议举办一次天体物理会议，这样，他就能邀请海森堡到哥本哈根来。德国公使采纳了魏茨泽克的建议，在哥本哈根举办了一次天体物理会议。

应当时所谓"德国科学研究所"的邀请，海森堡与魏茨泽克于1941年9月一道前往哥本哈根参加会议。但玻尔拒绝出席德国科学研究所的活动，并对海森堡产生怀疑。

玻尔的儿子阿格·玻尔后来回忆说，海森堡与他父亲和其他同事谈到当时的军事局势时说，德国会打赢这场战争。其实这一点不奇怪，因为当时德军已占领了差不多半个欧洲，并正向莫斯科推进。对海森堡来说，他没法在公开场合怀疑德军会打败仗。最后，海森堡终于找到一个与玻尔单独在一起的机会。两人进行了私下谈话。现在看来，海森堡多半是接受了魏茨泽克的建议，劝诫玻尔不要跟德国公使过不去。

德国核物理学家海森堡

这次谈话导致了玻尔对海森堡的疑虑，他认为海森堡从一开始就有目的地要将自己引向德方，两人之间的误解可能就此深深埋下了。

可以肯定的是，海森堡当时确实谈到了原子弹的话题。这个话题之所以如此敏感，是因为海森堡参与了纳粹的原子弹制造计划。因此，海森堡在与玻尔交谈时十分谨慎，很多话不能直说，这也因此给玻尔留下这一印象，海森堡全力以赴地为德国制造原子弹。

事实上，德国当时的情况是，1939年9月，在陆军装备局领导下成立了"铀协会"，研究如何将铀裂变并用于军事，但许多技术问题根本没弄清，如制造一枚原子弹需要几千克或几吨裂变物。此外，德国手里当时除了有铀-235外，一无所有。

1939年12月，海森堡建立了铀反应堆基础理论，后来试验成功。魏茨泽克的理论也证明，反应堆在运行时可以产生用于原子弹的裂变物质钚。

但是，1939年玻尔得出的结论却恰恰相反，他认为，自然铀在获取核能时不会产生别的主要物质，也就是说，德国除了仅在进行核研究外，并没有一个关于制造原子弹的具体计划。

那么，海森堡是否真想请教他视同慈父的导师，或者真想与玻尔密谋共同研制原子弹，迄今仍是一桩疑案。但是，玻尔当时肯定是中断了他们之间的谈话，而且气氛很僵，就像海森堡在结束谈话几分钟后对魏茨泽克说的那样："全弄拧了！"

玻尔在谈话20年后写给海森堡的信中仍能让人们感觉到，玻尔没有将海森堡在公开场合与私下谈话区别开来，也许，他没有意识到海森堡对待他的真实想法。直至战后，魏茨泽克在美国见到玻尔，并问起那次的谈话情况时，玻尔仍说："唉，随它去吧！我知道，在战争期间，人人都是为了自己的祖国。"

围绕这个像谜一样的问题，海森堡的辩护者和谴责者有过激烈的交锋。

辩护者称，海森堡从未主动要求去国外访问。他出使丹麦、匈牙利和瑞士等国，完全是官方刻意安排的。在海森堡被称为"白色犹太人"之后，纳

粹官方安排他出访，是对海森堡的承认和平反。如果拒绝，将会导致严重的后果。海森堡进退两难，没有自主权。

对于一些德国人，尤其是像海森堡这样的非纳粹人士，存在一个道德的两难选择——一方面，他们并不希望希特勒主导战争；另一方面，他们又都是强烈的爱国者，并不希望德国战败。对于他们来说，最佳的解决办法是德国能避免战败，军队最终摆脱希特勒的控制。虽然现在看来这不过是一个不切实际的幻想，但当时这种想法却是非常普遍的。由于纳粹的片面宣传和有意隐瞒，德国民众只知道苏联的斯大林搞过大清洗，对纳粹德国的奥斯维辛集中营却一无所知。

一些高级将领甚至想通过刺杀希特勒来避免失败。通过与反对派接近的"星期三聚会"，海森堡本人知道这些情况。毋庸置疑，他内心是讨厌纳粹政权的。在无法推翻它之前，最好是利用它。

反对者则称，海森堡当时相信德国能在很短的时间内取得胜利，他根本没有掩饰过自己的态度。海森堡的目的至少是劝说玻尔冷静地对待德国即将获得的胜利。

对于这一点，辩护者称，海森堡其实并不希望纳粹德国掌握原子弹。经过初步计算后，他就不想再进行下去了。海森堡已经得到了正确的结果，但他并没有向纳粹当局讲明真相，而是夸大了制造原子弹的难度，因而也拖延了研究进程。

反对者称，海森堡并不是不想制造原子弹，他竭尽全力为纳粹服务，只是由于他的错误而导致德国的计划没有成功。海森堡没有仔细计算"临界质量"。按他的计算，制造原子弹需要成吨的纯"U-235"，而他估计盟国一年只能生产30千克"U-235"。

辩护者认为，这种说法已遭到海森堡本人的有力驳斥。在《部分与整体》中，海森堡对他当时的心态作了很好的描述。

反对者称，玻尔档案馆公布的材料表明，玻尔在信中明确指出，海森堡曾说过，他曾竭尽全力地花了两年时间研究原子武器。

　　辩护者的观点是，这只是玻尔自己的理解，玻尔当时并不清楚反应堆与原子弹之间的区别。海森堡所言是说，经过两年的研究后，他得出结论：原子弹在理论上是可行的，但很难制造，无论从技术上，还是经济上都是这样；而反应堆除了理论上，实际当中也是可行的，也比较容易制造，以后他将只研究反应堆。在海森堡还没有完全解释清楚之前，玻尔就中止了谈话。很显然，这是一种误解。

　　反对者坚持，如果是这样，为什么海森堡不阻止纳粹的计划？他去哥本哈根的真实目的是想从玻尔口中了解盟国在原子弹方面的研究进展。

　　辩护者感到好笑，海森堡用不着阻止纳粹的计划，因为早在1942年，纳粹就放弃了这个计划。他们从海森堡处得知，研制原子武器需要许多年，并且投入非常大。纳粹没有耐心等待，他们需要更直接有效的武器。海森堡去哥本哈根的真实目的并不邪恶。

　　反对者认为，海森堡，还有他的那个"谋士"魏茨泽克，通过新闻记者容克的《比一千个太阳还明亮》，为自己洗清罪名，把自己打扮成是因道德考虑而主动放弃原子弹研究，这是一种十足的虚伪，他在战后反对核武器，是一种不自然的表现。

　　辩护者认为，容克在他的书中作了许多不必要的夸张和推广，有许多失真之处。无论海森堡本人，还是魏茨泽克都给他写过信，指出书中的不实之处，但容克在该书1957年的丹麦版本中，只摘出了海森堡出于礼貌而对他的工作表示感谢的话。

　　可见，持不同见解的人的观点是何等的对立。从已有的材料来看，发生在玻尔和海森堡之间的误解构成了一出悲剧。也许海森堡当时还想以一种相互信任的方式与玻尔交谈，但是他忘了当时的情形——丹麦是一个被德国占领的国家。

　　自战争爆发以来，他与玻尔已有两年多没有联系，玻尔把他看成是德国占领军的代表，怀疑他是代表德国政府来游说的。海森堡一点也没有察觉到这其中的心理差异。

在海森堡60岁生日时，玻尔给海森堡寄去了热情洋溢的祝寿信，高度赞扬了海森堡的成就。也许有人认为这纯粹是出于一种礼貌，但是，另一些事情却很难将这种关系界定为仅仅是出于礼貌。当海森堡被关在英国的"农舍"时，玻尔也与海森堡保持着通信联系。

第二次世界大战结束后，玻尔还访问过海森堡在哥廷根的家，后来他们两家还一同去希腊游玩。可见，仅仅出于礼貌是很难维持这种关系的。

海森堡与玻尔在1947年又一次见面，他当时已获知玻尔对1941年的访问有着与自己完全不同的理解，但他并没有为自己辩护。按他的说法，如果这样做的话，一定会勾起双方痛苦的回忆，因而作罢。

不过，海森堡的言行确有前后不一，文过饰非之处，加上有些"谋士"的辩解，使本来就异常复杂和不确定的海森堡形象变得更加无从定位。他虽不热衷政治，但不幸被深深卷入其中，进退两难，尽管在恐怖的纳粹德国没有人能保住尊严，但他的所作所为仍有需要检讨之处。正是由于他在德国科学界享有崇高的地位，他才更应该谨慎对待自己的一言一行。

海森堡在纳粹德国统治期间的种种表现，是一出真正的历史悲剧。而这种悲剧的结局是他自己也不曾预料到的。

斯大林怎会知道
原子弹的秘密

　　1938年年初，苏联侦察局开始策划搜集美国核机密的情报。

　　当时，苏联政府已经隐约地察觉到美国在搞原子弹，但美国人究竟使用什么东西来制造原子弹，在哪里研制和生产，进展如何，以及将来它的威力有多大，苏方对此不甚了解。

　　于是，苏联向美国派出了一位化名"阿杜尔·阿达姆斯"的特工，专门搜集这方面的情报。

　　"阿达姆斯"的工作进展得十分不顺利，在美国没有得到什么有价值的情报，后来，这位经验丰富的老特工涉嫌"与国内托洛茨基分子保持联系"的问题，在苏联内务人民委员会的高压下被从美国召回到国内。为继续搜集核情报，苏军情报部门开始物色替代"阿达姆斯"的人选，并为新的人取化名"德尔玛"。

　　1939年，物色候选人的工作已经进行到最后敲定阶段，"德尔玛"的热门候选人有好几个。最后，一个叫德米特里的年轻人被苏军侦察部门的考官看中。

　　德米特里是当年刚刚应征入伍的，参军前，他以优异的成绩从莫斯科某技术学院毕业，并被保送读研究生。这一天，德米特里收到了一张入伍应征通知书。第二天，德米特里作为应征入伍青年来到区兵役局，准备检查身体参加苏联红军。德米特里的个人条件侦察机关十分看好。他1915年出生在美国的一个来自苏联的移民家庭，通晓英语，熟谙美国生活。德米特里的父亲早年居住在苏联，是个木匠。

有一次，父亲遇上一位相貌出众的姑娘，并深深地爱上了她，决定娶她为妻。但是由于家境贫寒，自己又没有积蓄，无法举办婚礼，情急之下，父亲决定到美国打拼一番，等挣足了钱再回国娶自己的心上人。

德米特里的父亲来到美国后，很快就找到一份收入相对不错的工作，干上了自己的老本行——排锯工。他省吃俭用，将自己的积蓄全部电汇国内，交给自己深爱的姑娘。姑娘深受感动，很快就到美国与年轻的木工结了婚。

两人在美国生活了近20年，他们一共生了3个孩子，德米特里是老大。随着孩子的增多和长大，开销逐渐增多，尽管父亲很勤劳，能吃苦，但毕竟靠他一人挣的钱仍难以养活5口之家，日子过得紧巴巴的。

1933年，德米特里全家回到苏联，居住在苏联远东的哈巴罗夫斯克边疆区。德米特里在集体农庄里当钳工，修理各种农用机械，为农庄修建房屋。

1934年，德米特里决定到高等学校学习。他只身来到莫斯科，顺利考入了莫斯科某技术学院，直至以优异的成绩毕业并被保送研究生。

苏军侦察机关觉得德米特里是个可塑之材，可以把他训练成一个出色的特工人员。在征求德米特里的意见时，德米特里表示十分愿意到这个全新的又是未知的部门工作。

1939年夏天，德米特里被派到美国，单线执行"德尔玛"计划，并化名"德尔玛"。他的任务是搜集美国科研实验室研制化学辐射物质的情报。

当时，在研制化学武器方面美国人走在了德国人的前面，并取得了不小的成绩。

1943年，第二次世界大战进行到最激烈的时候，在美国潜伏了多年的德米特里，又被要求到美军部队服役。这让他感到十分为难，然而这次服役却改变了他的命运。

当德米特里到达应征处报道时才知道，他服役的地点不是野战部队，而是科研机构。他这才松了一口气，这对德米特里来说无疑是最好的机会。

不仅如此，德米特里和苏军侦察机关还获得了意外收获——德米特里被选送去进修了。这次进修实际上是一个集训班，学员都是当时在美国生产放

射性物质企业工作的年轻技术骨干。

德米特里所在的集训班里有30多人，他们当中的一些人在第二次世界大战后成为美国著名的科学家，其他人则成为美国重要公司的资深分析专家。

1944年8月，德米特里顺利地从集训班毕业，之后被分配到美国田纳西州橡树岭的一家秘密单位工作，担任一家生产辐射材料工厂的技术员，他们所生产的这种放射性材料是用于研制原子弹的。

德米特里初到橡树岭小城所看到的一切让他大为震惊，这里面汇聚的科学家、工程师、技术人员有数万名，大批的警察、联邦安全局特工和军事情报部门的特工在这里从事着安全保卫工作。

这个城市简直就是一个禁区，进出这个城市要经过多道严格的检查。城市当时并没有名称，地图上也没有标志，对外只宣称某某公司。实际上这个"公司"的技术人员从事的是研制用于制造原子弹的重要元素——铀。

在1943年，苏联军事情报部门就得知，美国在洛杉矶和芝加哥两个城市开办了核研究实验室，但对橡树岭的情况却一无所知。德米特里的情报非常重要，苏联军事情报部门据此掌握了这个被美国人隐蔽多年的原子能城的具体位置。

后来根据德米特里的进一步报告，苏联得知橡树岭生产铀，而生产企业分为3个实验室。德米特里所在的企业大约有1500人。

1945年年初，德米特里转到另一个实验室工作，这个实验室主要是完成美国核计划的一项单独研究任务。与此同时，德米特里也获得提升，新的职务使他拥有了接触更多资料、掌握更多情报的机会。

在新的实验室里工作的都是著名的科学家，根据看到的情况，德米特里判断美国研制原子弹的工作已经接近尾声。德米特里立即将自己工作的变动及判断向莫斯科总部作了报告。

德米特里的主要贡献就是摸清了美国的原子能设施、结构、核材料生产量及参加的专家人数情况，并与美国其他秘密原子能计划及相关单位保持了联系。

难怪当年美国总统罗斯福在雅尔塔会议上很诡秘地对斯大林说，美国已经拥有了令人震惊的武器，而斯大林只是面无表情地点点头。看来，当时苏联对美国的核研究已经有了很全面的了解。当然，这些都与美国的实验室对"德尔玛"的信任有关。

美国用原子弹轰炸日本的广岛和长崎之后，德米特里所在的这家美国实验室举行了庆祝活动，实验室主任对大家说："你们作出了历史性的巨大贡献。"

之后，这家实验室准备选派专家到日本察看轰炸效果，德米特里也被选中，但后来考察计划因故取消，德米特里未能到日本亲眼看看美国原子弹的威力。

1945年9月，第二次世界大战结束后，德米特里也很快从美军中退役，他

斯大林、罗斯福、丘吉尔（从右至左）在雅尔塔会议上（雕塑）

想乘机离开这个城市。因为美国和加拿大的一些报纸披露说在美国潜伏着一些外国"核间谍"，实验室也开始对所有研究人员进行重新审查。

正如德米特里所担心的，美国反间谍机关很快查清德米特里曾在1933年与自己的父母回到苏联定居，并在相当长的时间内没有返回美国。德米特里回到美国后就一直在重要的秘密部门工作。于是当德米特里离开橡树岭之后，美国情报部门就开始调查他。

1949年至1951年，他们对所有在橡树岭实验室与德米特里熟悉的人都进行了审查。他们还找到德米特里的父亲原来居住过的城市里的邻居进行谈话。

因为德米特里的父亲有3个儿子，美国情报部门想要搞清楚1933年究竟是哪一个德米特里返回苏联定居，而后又是哪一个德米特里到美国的橡树岭秘密实验室工作，两人究竟是不是同一个人。

然而，美国情报部门的工作进展也不是十分顺利，他们没能找到德米特里的任何有用的证据，1949年5月，德米特里离开美国回到了苏联。

1949年6月，苏军总参谋部第二总局局长扎哈罗夫大将签发了一份涉及德米特里命运和他在军事侦察机关工作的命令。命令指出："列兵德米特里，1915年出生，按列兵军衔从武装力量中复员。"

不久，德米特里回到自己的莫斯科母校读研究生，两年后，他获得技术科学副博士学位。但是，德米特里在毕业分配问题上却意外地遇到了麻烦，没有一所大学的科研机构，也没有一家工厂愿意接收他，因为"他的专业太偏了"。

后来他才知道，没人接收他的真正原因是，有些当权者对他的简历不理解，认为他可能是有什么过错的人。的确，从1939年至1949年的10年间，德米特里在苏联红军服役，最后却是以列兵的军衔退出现役。

德米特里知道自己不能对那些谨小慎微的官员说出他以前是干什么工作的，不能说出自己受过高等教育，不能说出自己为什么服役那么长时间竟然在最后退役时没有戴上哪怕是少尉的军衔，却只得到一枚奖章。

1953年3月,这位好几年没有工作的技术副博士忍无可忍,他决定给苏军侦察机关的局长写信说明情况。苏军总参侦察总局局长沙林中将收到信后立即指示解决德米特里的工作问题,并在3月16日给高等教育部部长斯托列托夫写信,说明情况。

信是这样写的:

兹证明德米特里在1939年至1949年10年间在苏军服役,由于涉及国家秘密和军事秘密,不便说出其服役性质。如果此事影响到高教部对他的分配,请直接找我们的代表,他将面对面向您解释一切。

事实表明,德米特里的特工经历的确是举世无双的,他能够在美国特工部门毫无察觉的情况下,渗透到美国原子能机密组织内,而这个组织在美国也只有少数高层官员和为数不多的科学家及技术专家才知道。

而且,这家军工厂当时属于世界第一个也是唯一的一个生产用于制造原子弹所必不可少的重要元素——铀和钚的工厂。

由此可见,有关这家工厂的一切信息和资料都属于美国的最高国家机密和军事机密,德米特里所搜集的任何情报都是有着重大价值的。

由于总参侦察总局局长沙林中将的干涉,德米特里终于在一所学院谋到了一个职位并一直工作到退休。

爱因斯坦为何
被怀疑为间谍

从20世纪30年代起，世界著名的物理学家爱因斯坦被美国联邦调查局怀疑为间谍。

怀疑的主要内容是：曾在德国柏林给苏联当过间谍；支持民权运动、和平主义者和社会主义者；研究一种具有神奇力量的"死光"；和一个共产主义组织试图掌管好莱坞。因此，调查局一度对爱因斯坦进行跟踪、监视、监听等，但是，直至爱因斯坦去世也没有拿到有利的证据。

2002年9月，一本名为《爱因斯坦档案：埃德加·胡佛对付世界最著名科学家的秘密战争》的书与读者见面，它深入地剖析了当年联邦调查局对爱因斯坦所做的一切调查，并提供了足够的证据来揭开人们对这一案件的好奇心理。

《爱因斯坦的档案：埃德加·胡佛对付世界最著名科学家的秘密战争》的作者弗雷德·杰罗姆是一名报道民权运动的记者，曾经当过教师和媒体顾问，并建立了一个促进记者和科学家相互了解的媒体资源中心。

杰罗姆说，他在美国公民诉讼组织的帮助下，从政府和FBI那里得到了关于爱因斯坦的调查文件。经过仔细的研究，杰罗姆说，与他的想象相反，爱因斯坦身为理想主义者，实际上却又是一位见多识广、机敏而冷静的战士，他知道自己应该支持什么样的组织。

在杰罗姆的书中提到，联邦调查局局长胡佛的确是一位干练的情报官，自1924年FBI成立，到1958年这长长的34年里，美国更换了14名司法部长、7任总统，但胡佛的职位始终没有变过。对爱因斯坦的调查就是他下的命令。

在他的授意下，FBI检查爱因斯坦的垃圾，监视他的邮件和电话。杰罗姆

说，这些似乎是FBI的家常便饭。"情报人员打开别人的邮件并监听电话，就像他们早上起床、刷牙一样。"

FBI对爱因斯坦的监视，直至他1955年去世才终止。然而，FBI却什么证据也没有拿到。尽管调查没有什么成果，胡佛却在此期间根据个人的想当然，曾与美国移民和归化局一起，动过把爱因斯坦驱逐出境的念头。无奈碍于爱因斯坦的威望，这一想法没有实现。

说爱因斯坦与共产主义有关，其实与当时的历史环境有着一定的关系。当时在世界范围内，并存着资本主义和共产主义两大阵营，他们都赢得了世界人民的尊重，都在努力地缔造人类的和平。作为科学家，没有什么理由会像政治家那样去极度偏向哪一个政治制度。爱因斯坦也同样如此。

杰罗姆的书中提到了有关爱因斯坦与共产主义有关的内容。书中提到：FBI关于爱因斯坦的调查文件长达1427页。文件中说，爱因斯坦与共产党有关联。自1937年至1954年，此人一直是34个共产主义性质组织的成员、发起人或与之有联系往来、他还是3家共产主义组织的名誉主席。但FBI拒绝就此内容进行明确评论。FBI发言人表示，他们听凭公众评估这份材料。

在杰罗姆的书中称，爱因斯坦是一位非常厌恶战争的人。爱因斯坦一生都没有掩饰过对战争的厌恶。

爱因斯坦1879年3月14日出生于德国的乌尔姆镇，父母都是犹太人。青少年时他曾在慕尼黑受教育，1895年10月，转到瑞士求学，据说部分原因便是不喜欢德国的黩武主义。

1914年4月，成名后的爱因斯坦接受德国科学界的邀请，回到柏林，当年8月即爆发了第一次世界大战。

第一次世界大战爆发的第二个月，爱因斯坦参与发起反战团体"新祖国同盟"，这个组织后来被宣布为非法，其成员大批被捕并遭到迫害，故该组织被迫转入地下活动。

在此情况下，爱因斯坦仍坚决参加这个组织的秘密活动。1914年10月，德国科学界和文化界在军国主义分子的操纵和煽动下，发表了所谓"文明世

界宣言"，为德国发动的侵略战争辩护。

在"宣言"上签名的有93人，许多享有世界声望的德国名人，包括伦琴、普朗克、斯脱等都在上面签了名，但爱因斯坦却坚决予以拒绝。在拒绝的同时，他在反战的《告欧洲人书》上签上了自己的名字，成为《告欧洲人书》仅有的4位国际知名签名者之一。爱因斯坦的这一行为当即震动了世界。

此后，尽管工作繁忙，爱因斯坦仍不时出席一些致力于和平和裁军的活动。

1931年，在牛津大学短期任教时，他参加的争取和平的活动甚至多于科学会议。1945年8月，美国原子弹在日本广岛、长崎爆炸，造成人类战争史上空前的灾难。消息传来，爱因斯坦极度震惊。他虽然没有直接参加美国研制原子弹的"曼哈顿计划"，但他的著名质能方程式E=mc²就是制造原子弹的理论根据。

爱因斯坦头像（石雕）

爱因斯坦当即写信给《大西洋月刊》说："我在担心新的战争到来。"

1955年，爱因斯坦与英国著名哲学家罗素联名发表了反对核战争呼吁世界和平的《罗素—爱因斯坦宣言》。

第二次世界大战结束后，爱因斯坦继续积极参加多种社会活动。1946年，他支持黑人歌手、演员和运动员团结起来反对私刑。1952年，他公开呼吁给因间谍罪被判死刑的朱利叶斯·罗森堡夫妇免

除死刑。

杰罗姆的书中说，也许正是因为如此，胡佛就认为爱因斯坦是一个左翼人士，是有着共产主义意识的人物，也就是一个"危险的人物"。

胡佛曾专门写了封信总结爱因斯坦的反战和左翼活动，还拟就了一个未署名、未标明日期的"传记梗概"。

记道，在20世纪30年代初，即爱因斯坦于1933年到美国前的两三年里，爱因斯坦在柏林的住宅是"一个共产主义活动的中心"，他在英国卡珀斯乡下的别墅是"莫斯科特使的匿身之处"。因此推测："基于这种背景，此人在短短时间内摇身一变，成为一个忠诚的美国人，看来是不可能的。"一些历史学家怀疑，胡佛受到了德国右翼情报来源的影响。

一些历史学家都认为，FBI盯上爱因斯坦一点也不奇怪。《没有象牙塔：麦卡锡主义和大学》的作者、耶希瓦大学历史学家埃伦·施雷克说："爱因斯坦危险，因为他赞同共产主义者的理想。""他们认为爱因斯坦是左翼人士，故而是危险人物。"

《秘密的权力：埃德加·胡佛的一生》的作者、市立纽约大学的历史学家理查德·吉德·鲍尔也认为，这并不奇怪，因为爱因斯坦太出名了，美国政府势必担心他这样的知名人物批评美国的政策，那会"误导"老百姓，所以FBI只有选择监视他，特别是在第二次世界大战后。

第二次世界大战后，FBI对爱因斯坦的监视工作逐渐升级，他们监视的范围已经不限于爱因斯坦本人。爱因斯坦的秘书海伦·杜卡、爱因斯坦的姐姐，还有他的继女马戈都受到了监视。

FBI对爱因斯坦的秘书杜卡可谓"情有独钟"。1943年，FBI就曾闯入杜卡的侄子、一个反法西斯组织的领导者家中"搜集证据"。1944年，FBI又表示，杜卡很可能已经通过爱因斯坦取得有关原子弹的情报，声称她卷入了"高度可疑的"活动。

到了1946年，根据FBI文件备忘录，负责监视爱因斯坦的情报人员一度要求允许监听杜卡的电话，但FBI上层拒绝了这一请求，因为担心"画虎不成反

类犬"，如果被抓住的话，容易惹祸上身。

然而，情报人员仍然跟踪打到爱因斯坦家的电话和送到他家的邮件，前去收集有关爱因斯坦所接触人物的资料。然而，他们并没有得到什么有"价值"的"情报"。

1950年2月2日，美国逮捕了参与"曼哈顿计划"的德国籍科学家克劳斯·富克斯。据称此人向克里姆林宫透露了关于1945年第一次原子弹试验的情况，并提供了一张原子弹的草图；富克斯的被捕，引发了美国对苏联间谍的大搜捕，FBI对爱因斯坦监视也进一步加强。

据杰罗姆说，巧合的是，当年2月12日，爱因斯坦出席了埃莉诺·罗斯福的电视节目，讨论军备竞赛的危险性。13日早晨，该节目第一次播出后，胡佛立即要求对爱因斯坦进行全面调查，并命令取得所有相关的"反面信息"。

杰罗姆的新书透露，FBI也注意到爱因斯坦曾与马加丽塔·科年科娃有过密切接触，后来有人说马加丽塔·科年科娃是苏联间谍，但证据并不充足。

而据1998年在索斯比拍卖行拍卖的爱因斯坦的有关手写信件中发现，科年科娃其实是爱因斯坦的情人。

直至爱因斯坦去世，胡佛也没有找到能证实爱因斯坦是间谍的材料，只好封存档案，不了了之。

美国为什么
要投放原子弹

　　第二次世界大战末期，美国在日本的广岛和长崎投放了原子弹，造成无数的生灵涂炭，一时间举世大哗，有人不由得要问：美国不投原子弹行吗？

　　早在1944年，美国总统罗斯福的首席科学顾问萨克斯，就坚决反对在战争中使用原子弹，虽然美国研究原子弹就是在萨克斯的力荐下才开始的，但萨克斯却反对在战争中使用。同时，曾经上书罗斯福要求美国研制原子弹的著名科学家爱因斯坦和被誉为美国"原子弹之父"的奥本海默也都反对在实战中使用原子弹。原子弹爆炸成功后，主张动用原子弹的一方和不主张动用的另一方争论更加激烈。马歇尔和史汀生坚决支持对日的登陆作战不如动用原子弹，他们认为这样可以减少美军的巨大伤亡。

　　除一些科学家外，美军著名的将军艾森豪威尔也不支持动用原子弹，他认为日本的战败已经不可避免，使用原子弹毫无必要；还有些人认为仅凭美军对日本的战略轰炸就可以摧毁日本的战争经济基础。

　　但是，残酷的现实使得美国的决策者意识到，想让日本投降，或是登陆日本本土，那将造成美军的极大伤亡；如果动用原子弹来威吓，那样就要承受来自各方面的舆论压力。但战争就是战争，况且，日本这个民族与其他的民族的确有许多不一样的地方。

　　欧洲战场的战火于1945年5月7日就熄灭了，而太平洋战场的对日作战仍在继续，而且异常激烈；据当时美国参谋长联席会议的估计，或许还要再打18个月。为此，杜鲁门总统在白宫与高级官员拟订了进攻日本本土的两个两栖攻击行动计划。

第一个是"奥林匹克行动"，暂定于1945年11月1日施行。将动用美军陆军的11个师和海军陆战队的3个师，向日本本土最南端的九州岛发起进攻。参联会的计划要求美军占领九州南半部，建立起密集的机场网络，以加强对九州北部及日本主要岛屿本州的空中轰炸。

如果从航空母舰和陆上机场发动的持续轰炸仍不能使日本投降的话，则将调集12个陆军师和3个陆战队师发起"花环"行动，于1946年3月1日进攻本州。这两个计划中，他们考虑的首要问题都是：美军在进攻中还要损失多少人？毫无疑问，这两个登陆行动和以后的陆上战斗必将是美军在整个第二次世界大战中遭到的血腥的战斗。无论进行哪种推测，最后都得出这样的一个结论：就是没人怀疑日军包括平民在内，将为保卫他们的本土决一死战。因为太平洋战争中发生的一切已经证明了这一点。

他们经常看到成千殊死顽抗的日军死于自杀，而不愿面对投降，因为被军国主义思想所异化了的武士道精神将投降视为是军人及其家人的耻辱。在"血腥的塔拉瓦之战"中，5000名日本守军殊死抵抗，最后除17名伤兵被俘外，其余全部战死。在塞班岛，陷入美第二十七步兵师重围中的3000多名日军还发动了大规模的自杀性进攻。

不仅如此，负隅顽抗的日军还向驻地的日本平民灌输盟军是"野蛮人"的思想，强迫他们以自杀行为反抗盟军的军事占领。一些不愿自杀的日本妇女和儿童都被灭绝人性的日军杀害。

在冲绳，不到3个师的日军在受到美军空中和海上炮火的沉重打击后，虽然已毫无胜利或获救的希望，仍然面对数量、质量均占绝对优势的美军坚持抵抗了100余天。岛民们也在各种准军事部队或前线作战部队中负隅顽抗。

冲绳一役，双方都死伤惨重，日本军民死亡近20万人，幸存者多数自杀，被俘的约8000名日军几乎全是伤员，另有4000人躲入岛上的山中企图打游击。美军也损兵7万余人，其中死亡约1.25万人，仅在5000米的阵地上双方就有3万具尸体。

从1946年3月初至6月末，有2000余架日本飞机对冲绳周围的美舰进行

了自杀性攻击。美军13艘驱逐舰被击沉，37艘受重伤。盟军的统帅们心中明白，面对日军的殊死抵抗，在"伤亡比"上，盟军并没有占多少便宜。因此，在盟军基本已稳操胜券的情况下，在此后的对日作战行动中，如何尽量减少自己的伤亡，自然成为了盟军方面首先要考虑的问题。

据美军参联会估计，对九州和本州的两栖进攻和随后的陆上战斗中，美军的伤亡情况是：在九州，阵亡和失踪2.1万人至2.75万人，伤8.5万人至10.5万人；进攻本州以及预计在东京平原的战斗将阵亡2.25万人，伤6.5万人。这与麦克阿瑟的估计也很接近。马歇尔则预计，登陆作战中美军至少要伤亡25万人，多则达100万人，日军方面的伤亡人数也大致一样。美海军因考虑到自杀飞机的威胁，更倾向于悲观的估计。太平洋战区司令尼米兹海军上将也认为，进攻被强大海空力量切断后路的岛屿的战例，不能被用做估计进攻有充足后援日本本土的依据。冲绳离日本本土的自杀飞机基地还有563千米，而本州离日本本土太近，到时，美国军舰就将成为靶子了。而且那时日军自杀性

广岛原子弹爆炸遗址 ❤

武器的数量将会数以千计，让人防不胜防。

　　在这些自杀性武器中，数KORYUD型袖珍潜艇叫人害怕。这种5人潜艇以16节的速度可在水下行驶40分钟，以2.5节的速度则可支持50个小时。一般装两枚鱼雷，鱼雷不够时，则干脆装炸药包。这样的潜艇日本每月可生产180艘，日本海军计划在1945年秋拥有540艘。另外，日军还计划到预定的美军进攻日期时，拥有740艘更先进的KAIRYU潜艇。这种两人潜艇也装两枚鱼雷或炸药包。日本海军还培训了"人雷"，即由潜水员携带装有触发引信的炸药包游到登陆艇下炸毁它。当时日军已组成了650人的"人雷"营，并打算在盟军登陆前组织到4000人。至于海岸边的浅水水雷就更不用说了。盟军的运兵船和两栖舰将是自杀武器的首要攻击目标，这会给船上的登陆部队造成很大的伤亡。有人估计，登陆船队的海陆军伤亡将比冲绳高10倍。

　　同时让盟军的统帅们不得不考虑的另外一个因素是：日本人是如何对待盟国战俘和被捕的盟国平民的。在菲律宾被害的约10万平民有不少是死在美军即将解放马尼拉之前日军的大屠杀中的，至于在中国等地，日军的暴行更早已骇人听闻。当然，在美军的心中留下最深阴影的还是日军残酷虐待不幸落入其手中的战俘的行为。从1942年4月巴丹陷落后，美、菲战俘的"死亡行军"，到修筑265千米的桂河铁路的27万名亚洲人和6.1万名盟军战俘分别死了8.75万人和1.25万人的严酷现实即可窥见一斑。战后的统计也证明了这一点：被德、意军俘虏的23.5万名英、美战俘死亡4％，而被日本人俘虏的13.2万名美、澳、英战俘死亡27％。

　　冲绳战役期间，美国通过破译日本密码，了解到日本正在本土积极备战的重要情报。情报显示，日军方已要求驻欧洲中立国的外交官了解德国在欧洲战场最后防御阶段的情况，以便吸取教训。其他证据也表明，日本正在制订战至最后一人的防御计划。

　　日军方的如意算盘是：如果他们能成功地使美国人在九州作战中遭受难以接受的损失，使美国人民相信对日本的大规模登陆会带来美军的巨大牺牲，并使美国人民感受到日本军队和平民的决死战斗精神，美国政府就会在

公众的压力下，取消或者延迟在东京地区的关键战役。这样他们就可能赢得时间来争取得到有利的投降条件或者其他方式的谈判。面对败局已定而又决心孤注一掷进行拼死抵抗的日本，任何在以后的作战中尽最大可能减少美军的伤亡就自然成了杜鲁门关注的焦点。

杜鲁门总统是美国三军的最高统帅，同时他又是一个政治家。在对待是否动用原子弹这个问题上，他还有另外一种考虑。

美国为了研究原子弹可谓耗资巨大，如果不在实战中加以应用，他就无法在国会和国民面前交代，人们就会怀疑花费巨资研制的原子弹的意义和价值。在政治上，虽然当时美国和苏联是盟友，但是两国受到自身利益，特别是意识形态上的根本区别，两国必定会成为敌人。因此，美国不会也不愿意让苏联在太平洋战场上以很小的代价取得很大的利益。杜鲁门一定要在苏联参与进来之前打垮日本，他要提高美国在战胜日本中的地位和作用。

从上述种种问题的分析看，能够在战略上及心理上给日本人以沉重打击并尽快促使日本投降的最有效途径，就是使用那个令杜鲁门和军方极感兴趣的"可怕的新家伙"——原子弹。更让杜鲁门心动的是，在世人面前展示一下这柄利剑的锋芒，将会给美国在战后的世界地位铺下一块坚实的基石。这对任何一位美国总统都将是极大的诱惑，杜鲁门也难以拒绝。

但是，杜鲁门总统毕竟是政治家，在日本投降的问题上盟国给了日本最后一次机会——在《波茨坦公告》中，再次敦促日本投降。

1945年7月28日，针对敦促日本投降的《波茨坦公告》，日本首相铃木表示："本国政府……除了完全不予理睬并坚决把战争进行到胜利结束以外，别无他途。"随后，陆军大臣阿南上将又在《告全军将士》中叫喊："事已至此，夫复何言；唯有毅然保卫神州，将圣战进行到底而已。纵使啖草茹泥，匍匐山野，只要坚决战斗，相信死地自有活路……"

日本的强硬态度，促使美国人坚定了使用原子弹的决心。在决定使用原子弹攻击城市的问题上，军方的一致意见是：

虽然不能以平民区为目标，但应对尽可能多的平民和最高决策当局造成极其深刻的心理影响。为此，有必要选择一个有军事和政治双重价值的大城市，并且为防止日本用盟军战俘作为盾牌，不能事先警告。

杜鲁门同意了这个意见。

最终，两枚原子弹落到了日本人的头上。

两枚原子弹当时造成了30万人的死亡，终于使裕仁天皇开了金口：

现在已经到了承受不可承受的结局之时了。

随着电波的传送，蛮横飘扬在他国的日本军旗，颓然落地。

虽然杜鲁门在战后回答人们向他提出的是否在决定向日本投放原子弹时很伤脑筋的问题时，做了一个轻弹手指的动作，并轻描淡写地说："不，就像这样。"

但是，可以肯定的是，原子弹的杀伤效果在这位美国总统的脑子里绝不是无足轻重的，否则他不会拿这种武器与庞大的登陆计划及轰炸计划相衡量。

美国飞行员
揭露侵略者罪行

1995年5月11日，美国退役空军少将、唯一一个曾两次参与对日本实施原子轰炸的飞行员查尔斯·斯文尼在美国国会发表证词，用无可争辩的事实揭露日本在第二次世界大战中的侵略本质及其暴行：

我是美国退役空军少将查尔斯·斯文尼。我是唯一一位参加了两次对日本原子轰炸的飞行员。在对广岛的轰炸中，担任驾驶员蒂贝茨上校的右座领航员，在对长崎的轰炸中，任编队指挥员。

作为唯一一个参与了两次对日原子轰炸的飞行员，我将陈述本人亲身经历的往事。我要强调，我所陈述的都是无可争辩的事实，而有些人就是无视这些明显的事实，因为这些事实与他们头脑中的偏见不符。

此刻，作为经历了那段历史的人，我要陈述我的思考、观察和结论。我相信杜鲁门总统作出的对日本使用原子弹的决定不仅符合当时的情况，而且具有压倒其他可能选择道义上的必要性。

就像查尔斯所说的那样，大多数参加过对日战争的美军将士，和那些被日本占领并被日军奴役过的人都会赞同他的这个看法：当年对日本的原子弹轰炸是非常必要和正确的。

查尔斯在他的演说中说道，他们那一代人的绝大多数，都是喜欢和平最

031

不希望发生战争的。他说美国虽在战争中取得了胜利，但是，"作为一个民族而不是骑士，我们不渴望那种辉煌"。

查尔斯用大量的事实揭露了日本在第二次世界大战中给亚洲人民带来的痛苦和灾难，他列举了日本在亚洲搞的所谓"大东亚共荣圈"，认为那是所有法西斯为了对他国进行侵略而打出的漂亮的旗号，其实质是用此去掩饰最卑鄙的阴谋。

查尔斯说，这种"共荣"是通过对中国进行残酷总体战进行的。日本作

日军在南京活埋中国同胞

为一个国家，认为自己命中注定要统治亚洲，并由此占有亚洲的自然资源和广袤土地。未有丝毫的怜悯和犹豫，日军屠杀无辜的男人、女人和孩子。在惨绝人寰的南京大屠杀中，30万手无寸铁的平民惨遭杀戮。这是犯罪，这是事实。

查尔斯之所以提到南京大屠杀，是因为日本的右翼势力置历史于不顾，极力抹杀南京大屠杀的真相。他们一边把自己打扮成受害者，一边又否认曾经发动的侵略战争。这不能不激起全世界爱好和平的正义人士的义愤。

此后，查尔斯用大量的事实和有力的证据阐述了当时美国对日本动用原子弹的理由和必要性，同时，他对现今社会上的谬论进行了有力的批驳。

查尔斯在他的演讲中，一针见血地指出：日本发动的偷袭珍珠港事件，是由于"日本认为美国是阻止其实现在亚洲的'神授'命运的唯一障碍"，于是对驻扎于珍珠港的美国海军太平洋舰队进行了精心策划的偷袭。这足以表明日本是一个极具侵略性的国家，并且所用手段极其卑鄙。

查尔斯回忆说："偷袭时间定于一个星期天的早晨，数千名美国水兵的生命湮灭于仍然沉睡在珍珠港湾底的美海军'亚利桑那号'军舰里。其中的许多士兵甚至不清楚为什么受到突然袭击。战争就这样强加在美国的头上。"

查尔斯还谈到了科雷希多的陷落及随后日军对盟军战俘的屠杀。他说："日军对待盟军战俘的屠杀驱散了人们对日军兽性的最后一丝怀疑。即使是在战时，日军的暴行也是令人发指的。巴丹省的死亡进军充满恐怖，7000名美军和菲律宾战俘惨遭殴打、枪杀、被刺刀捅死，或惨死于疾病和饥饿。这

都是事实。"

是的，当时由于受到"武士道精神"宣传的毒害，日本人认为投降是对自身、对家族、对国家、对天皇的污辱。他们对自身和对敌人都毫不手软。

随着美国在广阔的太平洋向日本"缓慢、艰苦、一步一流血"地进军，日本显示出自己是冷酷无情、桀骜不驯的杀人机器。无论战事是多么令人绝望，无论机会是多么渺茫，无论结果是多么确定，日本都战至最后一人，并全力以赴去杀死尽可能多的美国人。

"美军距日本本土越近，日本人的行为就变得越疯狂。"

据美国的统计，在塞班岛：美军阵亡3000人，其中最初几个小时就死了1500人；在硫磺岛：美军阵亡6000人，伤2.1万人；冲绳岛一役：美军阵亡1.2万人，伤3.8万人。

冲绳的战斗中，日军近乎疯狂，"神风特攻队"驾驶装载炸药的飞机撞击美国军舰，他们把这种行为认为是"天上人间至高的光荣，是向神之境界的升华"。在冲绳海域，神风敢死队的自杀性攻击使美军5000人阵亡。

在谈到美国动用原子弹的原因时，查尔斯表现了异常的气愤，他说："日本用言语和行动表明，只要第一个美国人踏上日本本土，他们就将处决所有的盟军战俘。日本为大屠杀作准备，强迫盟军战俘为自己挖掘坟墓。即使投降后，他们仍然处决了一些战俘。这是事实。"

《波茨坦公告》要求日军无条件投降后，日本居然认为这是荒唐可笑的，并对此不屑一顾。从美国截获的密码得知，日本打算拖延时间，以争取可接受的条件经谈判投降。

在8月6日之前的几个月里，美国飞机开始对日本本土进行猛烈的轰炸。但日军发誓绝不投降。

查尔斯说到这里，用颤抖的声音说："他们准备牺牲自己的人民，以换取他们所理解的光荣和荣誉——不管死多少人。他们拒绝救助平民，尽管我们的飞行员事先已就可能来临的空袭投撒了传单；在一次为期10天的轰炸行动中，东京、名古屋、神户、大阪的许多地方化为灰烬。"

在万般无奈的情况下，8月6日，美国动用了人类史上第一颗原子武器。即使在用原子弹轰炸了广岛之后，日本军部仍然认为美国只有一枚炸弹，日本可以继续坚持。

在8月6日之后，日本本来有3天的时间用来投降，但利令智昏的日本军国主义分子却不愿放弃他们已经虚幻的美梦。在长崎受原子弹轰炸后，日本天皇才最后宣布投降。即使在这种情况下，军方仍声称他们可以而且应该继续战斗。一个陆军军官团体发起叛乱，试图截获并销毁天皇向日本人宣布投降的诏书。

查尔斯对在场的人用不可辩解的口气说："这些事实有助于说明我们所面临的敌人的本质，有助于认清杜鲁门总统在进行各种选择时所要考虑的背景，有助于理解为什么对日本进行原子弹轰炸是必要的。"

在美国一个全国性的电视辩论中，一位所谓的杰出的历史学家声称，往日本投原子弹是没有必要的，杜鲁门总统是想用原子弹吓唬苏联人，日本本来已经打算投降了。

这些人提出的所谓论据是当年艾森豪威尔将军曾说过，日本已准备投降，没必要使用原子弹。然而，这种论调是站不住脚的。因为基于同样的判断，艾森豪威尔将军也曾严重低估了德国继续战斗的意志，在1944年他就下结论说德国已无力进行攻势作战。结果，这是一个灾难性的错误判断，其后果是布尔兹战役的失败，数万盟军将士牺牲了生命。同盟国就是出于此战役差一点丧失大好局势，给了德国拖延战争和有条件投降的机会。

查尔斯说："一个相当公正的结论是，根据太平洋战争的情况，可以合理地预期日本将是比德国更疯狂的敌人。"

有一些人认为，如果当年盟军不是动用原子弹，而是用大批的军队进攻日本本土，美军的伤亡不是人们普遍认为的100万，而是只要死上46000人就够了。

"只不过是4.6万人！你能想象这种论调的冷酷吗？仅4.6万人，好像这些都是无关紧要的美国人的生命。"查尔斯对这样的论调痛心疾首。

他接着说道："在此时此地，我要承认，我不清楚在对日本本土的部队进攻中美军将会伤亡多少人，也没有任何人可以知道。但根据对日本作战时行为的判断，我的确认为，一个公正合理的假设是对日本本土的进攻将是漫长而代价高昂的。根据我们所知道的情况，不是根据某些人的臆想，日本不打算无条件投降。在对硫磺岛——太平洋中一个8平方英里的岛屿的进攻中，6000名海军陆战队官兵牺牲，伤亡总数达2.7万人。

"但对那些认为我们的损失仅是4.6万人的人，我要问，是哪4.6万人？谁的父亲？谁的兄弟？谁的丈夫？"

是的，就当时的情况来说，美国没有选择，只能是等待，而日本则可以选择，或是继续战斗，或是投降，但是有一点是人们不应该忘记的，在等待中，美国的士兵在不断地阵亡。

查尔斯说："就在日本'无所作为'的时候，随着战事的进行，美军每天伤亡900多人。"

除了上述的说法外，人们还可以听到另外一种说法，就是认为美国应该与日本谈判，达成一个日本可以接受的有条件投降。

查尔斯用讥讽的口吻说道："我从来没听任何人提出过与法西斯德国谈判投降，这是一个疯狂的念头，任何有理性的人都不会说出这样的话。与这样一个邪恶的法西斯魔鬼谈判，就是承认其合法性，即使是在事实上已经打败了它。这并不是那个时代空洞的哲学上的原则，而是人类的正义要求，必须彻底、干净地铲除法西斯恶魔的势力，必须粉碎这些邪恶的力量。法西斯的领导者已经无情地打碎了外交的信誉。为什么太平洋战争的历史这么容易就被遗忘了呢？"

日本在战败60多年后，其领导人轻率地声称他们是受害者，这是极不负责任的。

这就是现如今的许多日本人不理解要让他们道歉的理由。

与德国人认罪的姿态不同，日本部分人坚持认为它没干任何错事，它的行为是受当时局势的拖累。日本的这种态度无法让持正义的人们理解和原

谅，也永远不会弥合心灵的创伤。

查尔斯提醒道："只有记忆才能带来真正的原谅。而遗忘就可能冒重复历史的危险。"

查尔斯用一个老兵的观点，用一个对生命无比珍惜的幸存者的意识，提醒那些心灵歪曲的人，要警惕极端民族主义思潮的复辟和泛滥。

他指出：通过精心策划的政治和公关活动，日本现在建议使用"太平洋胜利日"来取代"对日本胜利日"这一术语。他们说，这一术语将会使太平洋战争的结束不那么特别与日本相关。

有些人可能会提出，这些文字能说明什么呢？"对日本胜利"和"太平洋的胜利"绝对不是一回事。"太平洋的胜利"是什么？它就是一个事件，让我们庆祝一个事件，而不是一个胜利。庆祝一个事件，类似于庆祝一个商场的开业典礼，而不是庆祝战争胜利。数以千万计的死者、数以千万计受到身心伤害的人和更多的人将会不知所措。这种语言是颠倒历史、混淆是非。

当代的日本巧妙地打起了和族主义这张牌，以此来显示其行为的正义性，日本总是想把当年它进行的侵略战争美化为无罪恶的侵略，而只是从白人帝国主义中解放受压迫的亚洲大众。

查尔斯用一种嘲笑和轻蔑的语气继续说道："解放！多么可笑的解释。是的，他们用屠杀'解放'了2000万无辜的亚洲人。我坚信，这2000万无辜的人，他们的家人，他们的后代，永远也不会欣赏日本这'高尚'的行为。经常有人问我，用原子弹轰炸日本是否是出于报复，是否是蓄意毁灭一个古老而令人尊重的文明。"

查尔斯认为，这些人提出这样的疑问才是真正的"蓄意"。为此，他用事实来驳斥了那些所谓的"正义"人士。

他说："对此，有如下事实：其一，在最初的轰炸目标清单上包括京都。虽然京都也是一个合法的目标，在先前的空袭中未曾予以轰炸，国务卿史迪文森把它从清单目标中去掉了，因为京都是日本的古都，也是日本的文化宗教中心。

037

"其二，在战时，我们受到命令的严格约束，在任何情况下，不得轰炸东京的皇宫——尽管我们很容易识别皇宫并炸死天皇。毕竟我们不是为了报复。我经常想，如果日本有机会轰炸白宫，是否也会像美国这样克制。我认为日本不会。

"在此让我澄清一个事实，纠正一个长期以来的偏见，那就是我们故意选择人口密集的城市轰炸。我们要轰炸的每一个目标城市都有重要的军事价值。

"广岛是日军南方司令部所在地，并集结了实力可观的防御部队；长崎是工业中心，有两个重要的兵工厂。日本都把兵工厂和部队配置于这两个城市的市区中心。"

在对待战争中无辜死亡的人的看法上，查尔斯说："像在任何一场战争中一样，我们的目标——理所当然的目标——是胜利。这是一个不可动摇的目标。

"我不想否认双方死了许多人，不仅两国，而且是世界。我不为战争的残酷性而骄傲而欢乐，我不希望我国或敌国的人民受难。每一个生命都是宝贵的。但我的确认为这样一个问题应该去问日本战犯，是他们以日本人民为代价追求自身的辉煌。他们发动了战争，并拒绝停止战争。难道他们不应为所有的苦难、为日本的灾难负最终的责任吗？

"如果日本人真切地了解过去，认清他们国家在战争中的责任，他们将会看到是日本战犯要负起战争的罪责。日本人民应该给远东人民一个答复，是谁把灾难强加给远东各国，最后强加给日本自己。当然，如果我们与日本人一道抹杀历史的真相，那么这一点是永远也做不到的。

"如果日本不追悔并接受真相，日本怎能安心地与自己相处，与亚洲邻国、与美国相处？

"我和我的部属在执行原子弹轰炸任务时坚信，我们将结束战争。我们并没有感到高兴，而是一种责任感和使命感，而且我们想回到自己的家。"

查尔斯最后讲到原子弹对整个世界的意义和今后人们应该正确理解和使用核武器。

他说："今天我站在这里作证，并不是庆祝原子弹的使用，而是相反，我希望我的使命是最后一次。我们作为一个民族应该对原子弹的存在感到恐惧。我就感到恐惧。

"但这并不意味着回到1945年8月，在战时情况下，在敌人顽固凶残的条件下，杜鲁门总统没有义务使用所有可能的武器结束战争。我同意杜鲁门总统的决定，当时以及现在。

"战后几年，有人问杜鲁门总统是否还有其他选择，他响亮地说，没有。接着他提醒提问者：记住，珍珠港的死难者也没有其他选择。

"战争总是代价高昂的，正如罗伯特·李将军所说：'战争如此残酷是件好事，否则就会有人喜欢它。'

"感谢上帝使我们拥有原子武器，而不是日本和德国。科学有其自身的逻辑，迟早会有人设计出原子弹。科学不能被否定，它总会找到途径来证明自己的力量。关于制造原子弹是否明智的问题，终将被原子弹已被制造出来这一事实所压倒。

"由于德国和日本法西斯被击败，世界变得更好了。

"日本和美国的年轻人不再互相杀戮，而是生长、成家立业，在和平中生活。作为10个孩子的父亲和21个孩子的祖父，我可以证明，我很高兴战争这样结束。"

日本遭受的是
汽油弹袭击吗

在第二次世界大战中，美国向日本投放原子弹是举世公认的事实。

然而，从1995年开始，包括美国、俄罗斯、中国、英国、德国以及日本在内的世界各国的科学家和历史学家，经过单独或是联合研究发现，无论是在文字还是图像资料上，都有许多令人感到困惑的地方。

他们在研究后得出的结论令人吃惊，当年美国并没有在日本投下原子弹！难道这是一个骗局吗？

研究人员提出了以下几个令人困惑的问题：

首先，运送问题。由于承担投掷原子弹任务的飞机是B-29型，该型号飞机的航程有限，投放原子弹的飞机起点应该是选择在距离日本较近的提尼安岛的美空军基地，而从美国本土运送两枚原子弹到提尼安岛需要分两个步骤来完成。

先从本土把原子弹运到夏威夷，然后再从夏威夷运到提尼安岛。但是受到当时飞机的航程和安全性的限制，这两步只能靠军舰来完成，这两段路程是很危险的。

虽然日本的飞机在美国空军的打击下已经没有了战斗力，但日本还有相当数量的潜水艇，这些潜水艇在战争的后期仍可以偷袭美国的军舰。因此，运送原子弹的军舰很可能被日本潜水艇袭击。美国怎么会冒这么大的风险用军舰运送原子弹呢？

其次，数量问题。当时美国制造出来的首批原子弹只有3枚，而且其中一枚已经作为实验品在1945年7月试爆了。所以，美国怎么还敢用仅剩的两枚去

攻击实际上已经处于没有还手之力的日本呢？

而且，美国在未来的几个月内不会马上再制造出原子弹，美国难道不考虑有可能出现的突然事件而再动用原子弹吗？

再次，道德问题。当时，爱因斯坦、费米以及奥本海默等科学家都认为，原子弹的威力过大，他们都极力反对使用这样的武器。作为原子弹的设计者提出这样的疑问，难道美国政府就一点也不顾及他们的意见吗？那样的话，以后还怎样去依赖这些科学家呢？

第四，资料的可信度问题。广岛和长崎原子弹爆炸后的电影和照片是人们经常见到的资料。但是，人们往往并不注意里面有多少值得怀疑的成分。其实，只要用心就会发现这些电影和照片资料中存在许多问题。

就常识而言，原子弹爆炸后谁还能在强烈的核辐射区域进行摄影或摄像，日本当时并没有防辐射的装备。在少得可怜的电影资料中，也存在着问题。人们发现一些"幸存者"在爆炸后从废墟中出来，是排成行的行走，似乎也是经过导演的。

第五，"幸存者"问题。从战争结束至今天，从未发现过一个可以直接证明在广岛和长崎经历过原子弹爆炸的人。一些"幸存者"只是看到有大火产生，而另一些人展示的自己所谓因"受到辐射烧伤"的疤痕，也无法证明是火烧伤还是真正的"辐射"所致。

第六，计量问题。战后，美国和德国的科学家在广岛和长崎两个地方进行了土样的秘密采集，经过化验发现，这些土的土质与普通土的土质几乎没有区别，辐射量并没有超标。根本无法与核试验中所采集土样的辐射计量相比较。

从理论上讲，受到严重辐射的土地，在几百年内是不可能生长植物的，人类在此环境下生活也是很危险的。但是，人们看到如今的广岛和长崎现实生活并不是这样，这也是令人感到困惑的。

第七，重复的图像。美国、中国和澳大利亚的科学家运用计算机的有限分析，对在美国新墨西哥州、广岛和长崎的原子弹爆炸的电影图像资料进行

分析后，惊人地发现，这3份图像竟然是同一枚原子弹爆炸不同角度的拍摄图像，也就是美国在新墨西哥州爆炸的那一枚。

另外，据日本战后的统计数字，说广岛和长崎两市因原子弹死亡30万人。但是，据当时的实际情况推测，由于美国对日本本土进行的轰炸是异常猛烈的，因此，在广岛居住的大部分市民已经逃到乡下去躲避战火了，城市里已经不足5万人。

据广岛的一位日本老人说，当年他4月离开广岛去乡下时，城里的人已经寥寥无几了。日本的其他城市也基本如此。因此，由于原子弹的爆炸死亡了

30万人的说法是令人费解的。

以上种种猜测，后来被美国一位据说曾参加过"曼哈顿工程"的科学家以及另一位当年作为美军上级军官的人证实：

美国的确没有在日本的广岛和长崎投下过原子弹，而这些都是美军进行的非同寻常的信息战和心理战。

但后来据说这两个人都被美国有关部门软禁了起来，以致这样的消息在很小的范围内传播。

据这两位曾经亲历过"轰炸"的人士所说，真实情况是这样的：

原子弹爆炸瞬间（资料图片）

1945年7月16日，人类历史上第一枚原子弹在美国的新墨西哥州爆炸成功。这枚原子弹的威力，大大超出了科学家们的预料。大多数的科学家已经预感到它将直接威胁到人类的自身。此时，欧洲战场的战火已经熄灭，在太平洋上，由于日本采取了与美国决一死战的架势，因此，尽管美军对日本的本土和军事设施进行了大规模的轰炸，但是日本还是没有任何想要投降的迹象。

这时，盟军已经开始准备在日本本土登陆作战，由于日本的顽固抵抗，美军最高当局认为，施行强攻必定会遭到人员的重大伤亡。因此，动用原子弹就成了美国军方的强烈要求。但是，在美的大多数科学家都表示了反对或不赞成，他们认为那样会造成很多无辜平民的伤亡。

正在双方争论不休的时候，一个下级军官提出了一个大胆的方案。他认为，当时的日本已经成了一个孤岛，与外界的联系途径很少，美军对日本所有的通讯联络完全可以进行监听。日本各地的通信设施已经遭到很大的破坏，基本处于半瘫痪状态。美军完全可以控制日本的喉舌，而日本当时又是处于听觉不灵的状态。所以，美军这时向日本境内发布虚假恐吓消息，日本政府和日本国民是无法辨别其真伪的。这样就可以达到促使日本投降的目的。这一方案的提出，开始并没有得到重视，后来经过充分的论证，美方认为还是可以一试的。

不过，美军方仍然坚持动用真的原子弹，对于这个方案只是勉强接受，表示一旦此计划失败，立即投掷原子弹。

方案一通过，便立即进入实施阶段。选择对哪个城市进行"攻击"呢？美军方经过严格的筛选，最后决定选择离东京比较远，且通讯被基本切断的广岛和长崎两城市。

1945年8月5日，大量的美军战舰已经在广岛外海域部署完毕。8月6日清晨，美军一架B-29轰炸机在提尼安岛起飞，它携带了大量的凝固汽油弹。

B-29到达广岛上空后，按计划投放这种美军新型的炸弹。这种新型的炸弹主要是起到燃烧作用，直接杀伤力并不是很大，也没有辐射。

投放后，飞行员马上向地面报告炸弹已经投下，随后，美军立刻开始用

电子干扰的方法切断了广岛与外界的无线电联系，并伪装日本在广岛的机构向日本全国各地发送无线电消息：广岛遭到轰炸，其轰击规模之巨大，超过以前的10倍。

美国人相信，日本的物理学家们听到这个消息，一定会判定是原子弹的轰炸，因为他们知道原子弹的威力，这样，才能促使日本政府的投降。

然而，令美国人意想不到的是由于日本的通信设施几乎瘫痪，有很多地区根本没有收听到这个消息，因此也就没有像他们预期的那样陷入一片混乱。

为了达到预期的目的，6日晚，美国总统杜鲁门向全世界发布了一个惊人的消息，并向人们介绍了这种武器的强大威力：

美军在日本广岛投下了原子弹，相当于15000吨TNT……广岛已经消失了。

世界各地听到这个消息后一片沸腾，只有日本国内，听到这样的消息后感到震惊，同时还存一丝侥幸的心理。

美国军方在看到日本政府没有丝毫的投降迹象后，准备动用真的原子弹。但被反对方极力劝阻，称这样的反应是正常的现象，应该按计划再进行一次"攻击"，这次还达不到目的，再动用原子弹也不迟。

8月9日，尽管日本政府没有投降，但日本国民已经从各个渠道知道了广岛遭到了原子弹的轰炸，就在国内还在被一片恐怖笼罩时，美国的第二枚所谓的"原子弹"在长崎"爆炸"了。这一次，日本国内真的陷入了一片混乱。因为他们不知道下一个目标是哪里。日本政府也放弃了做最后的挣扎，不久就宣布无条件投降了。

正义密码

第二次世界大战盟国秘事

巨额财宝大转移

　　第二次世界大战爆发的半年时间内，德军横扫北欧和西欧，与英国隔海相望。面对如此严峻的形势，丘吉尔决定，一旦德军攻进来，英国将把王室成员和政府领导人转移到加拿大继续战斗，而在国外，没有国家储备是不行的。事关国家的生死存亡，丘吉尔决定将价值大约70亿美元的黄金和有价证券秘密地转移到加拿大。由此，英德双方展开了一场海上大追逐……

临危受命
丘吉尔制订秘密计划

1940年5月10日，绥靖主义者、英国首相张伯伦面对德国的西线攻势束手无策，不得已只好于下午18时向国王递交了辞呈。半小时后，英国海军大臣丘吉尔被召到王宫授权组阁。

5月13日，英国下院在怀特举行特别会议，要求对新政府进行信任投票。会上，年满65岁的丘吉尔宣布了新政府的施政纲领，并要求获得下院的赞同。他在下院向全体与会人员和英国保证："我没有别的，只有热血、辛劳、眼泪和汗水贡献大家。"

丘吉尔走马上任后，以其惯常的充沛精力投入到新的神圣的工作中去。对英法盟军在横渡英吉利海峡时遭到的溃败，他的内心感到了极大的压力，一度感到无计可施。仅仅3个星期，希特勒的兵团就已迫使比利时和荷兰投降了，英法盟军的大部分兵力被围困在法国英吉利海峡沿岸的小港——敦刻尔克。

6月的一天，丘吉尔独自待在伦敦一个地下指挥所里，嘴里仍然叼着一根又长又黑的雪茄烟，目光透过眼镜盯着前方。一份有关从敦刻尔克撤退的报告——"发电机计划"摆放在他的眼前。

丘吉尔感到吃惊，报告里说，一个由大约850艘民用舰船组成的"救援船队"将近40多万的盟军士兵从敦刻尔克安全地撤到了英国，但是，随士兵们一起运回来的武器却少得可怜：285辆坦克，12门大炮和少量的机枪。而丢弃在敦刻尔克的却有12万辆坦克和各种军用车辆，2300门大炮和迫击炮，8000挺"布伦"式轻机枪，9000支步枪和7000吨弹药。

丘吉尔感到了危机，他曾对助手们这样形容："如果德国人来了，我们

不得不用瓶子来砸他们的脑袋——那是我们能够投入到战斗中的全部武器了。"

大不列颠遭遇了历史上最为惨烈的一次军事灾难。事情向更加不利的方向发展着，几周后，法国宣布投降。此时的英国只有单独面对已经攻占了英吉利海峡对岸的法国、比利时和荷兰的希特勒那强大的、令人畏惧的战争机器的威胁了。

面对如此严峻的形势，丘吉尔制订了一个秘密的计划——一旦德国人攻进来，英国将马上把王室成员和政府领导人转移

丘吉尔

到加拿大。反抗希特勒的斗争将在那儿继续进行下去，而要将王室和政府迁移到加拿大，没有国家的储备是不行的。

孤注一掷
巡洋舰偷运数亿美金

事关国家的生死存亡，丘吉尔酝酿了一个大胆的计划。于是，他主持召开了内阁全体成员会议，向他们宣布了这个代号为"鱼雷行动"的计划——将价值大约70亿美元的黄金和有价证券秘密地转移到加拿大。

这是一个令人吃惊的计划。

1939年9月战争爆发的时候，英国公民就被要求登记他们所持的由政府发行的有价证券。丘吉尔利用他的战时特权，现场征用了部分列在表上的英国国库的有价证券。

在玩了一个天衣无缝的花招后，政府代理商们迅速地扑向英国各大银行，"巧夺"了公民的有价证券，这种行为是英国历史上唯一的一次。之后，这些大量的单据被塞进数以千计的大箱子里，快速地运到了不同地区的征集中心。

在短短的几天内，重兵把守的一列列火车运载着政府的黄金和公民的有价证券全速向北驶去。把守的士兵被要求发誓严守秘密，否则他们将受到长期坐牢的惩罚。

在苏格兰西南部克莱德河河口湾的一个小港——格里挪克，这些笨重的货物在夜里被搬到英国的巡洋舰——"埃默拉尔德号"上。

在人们的目光难以企及的甲板下层有2230个笨重的箱子，每个箱子里装有4个金块。巡洋舰别的地方还藏有将近500箱的有价证券，价值10亿美元。

"埃默拉尔德号"最终能不能抵达加拿大，不敢肯定。因为德国的潜艇司令——海军上将邓尼茨命令他的潜艇暗中潜行于苏格兰和加拿大的海上航

道之间，航线向西伸展约3000海里。就在这个月，57艘盟国的船只被德军潜艇击沉在北大西洋之中。

1940年6月24日，在黑暗的掩护下，"埃默拉尔德号"从克莱德河驶入了大西洋，到了指定的地点集合。为了确保这次航行的安全，英国方面还派出了几艘驱逐舰护航。

"埃默拉尔德号"的船长是海军上校弗兰西斯·西·弗林，他仔细地阅读过最新的大气报告，得知风暴恶魔正在前方大西洋上尖声呼啸。但更令他担心的是随后收到的英国海军部的一个警告：有两艘德国潜艇正潜行于"埃默拉尔德号"将要前往的航道上。

英格兰或苏格兰的德国间谍向柏林报告了这艘船上装载了特殊的货物了吗？是德国的间谍机构破译了英国海军的密码并且准确地获知"埃默拉尔德号"将要航行的路线了吗？弗林把他的这种不祥的预感压在了心底。

在接下来的48小时里，由于洋面上风急浪高，船员们呕吐得非常厉害"埃默拉尔德号"的几艘护卫舰不得不减速航行。到了第三天，天气转晴了，海上也平静下来了。一路上并没有遇上德国潜艇，这无疑使他们感到了极大的宽慰。"埃默拉尔德号"终于抵达了它的目的地——加拿大的哈立法克斯。

"埃默拉尔德号"的武装警卫封锁了码头，以防闲杂人员进入。几乎同时，卸货程序开始。"埃默拉尔德号"上的每箱黄金和有价证券都受到了加拿大银行官员的检查，在每箱黄金和有价证券被装入到早已等在码头旁的铁路支线上的一个专列上时，又一次接受了检查。

12个小时后，这辆装满黄金珠宝的专列又驶离哈立法克斯，驶往它的第一站——蒙特利尔。

在蒙特利尔的博纳文切车站，加拿大外汇管制委员会的伯金斯和银行秘书戴维已经等候在那里。两人一边等待火车的到来，一边作最后的论证。他们曾经为这数百箱有价证券的藏身之处感到为难。

后来戴维想到了一个办法，就是将这些有价证券都藏到有26层楼的阳光

人寿保险公司大厦的最底层的地下室里，并将这层标上"联合王国的安全储备库"字样，那将是非常安全的。

午夜时分，专列缓缓驶进博纳文切车站。

火车一停，卫兵们就立即封锁了整个车站，然后那些运载有价证券的车厢被脱挂，而载有黄金的专列继续向下一站——加拿大的首府渥太华驶去。

蒙特利尔的警察封锁了车站到阳光大厦间的街道。那些运货的卡车开始陆续出发，天要亮时，最后一箱有价证券被放进"联合王国的安全储备库"中。与此同时，在渥太华，卡车也正在把从火车上卸下的装满黄金的箱子运往惠灵顿街加拿大银行的地下保管库中。

1940年7月初，"鱼雷行动"计划仍然在继续。这时，整个计划已经进行到了3/4，丘吉尔的情绪稍稍有些缓解。这样连续不断地运送黄金和有价证

⬇ 巡洋舰

券后，大部分的财产已经运送到了加拿大，这时的德国人即使得到情报，也不会再对英国的国库造成大的麻烦了。

令人奇怪的是，在整个运送途中，珠宝船竟然没有和德国的潜艇遭遇，而仅仅被恶劣的天气阻拦。

一次，满载珠宝的"巴特利号"船在途中引擎突然出现故障，不能继续前行。为这次运输护航的海军上校阿切尔考虑到不能因"巴特利号"给整个船队带来危险，因此命令"巴特利号"改航，驶向纽芬兰的圣约翰斯，同时派出一艘巡洋舰护卫。后来，这艘船中的黄金也在晚些时候运抵渥太华。

当这项令人难以置信的"工程"完成后，海军部统计已经有价值25亿多美元的黄金用船运到了加拿大。同时令人感到困惑的是，在这3个月里，有134艘盟国或是中立国的船只在北大西洋被德国人实施的"狼群"行动所击沉，却没有一艘运输英国珠宝的船只被击沉——甚至从来就没有遭到过袭击。

不仅如此，更令人吃惊的是，大西洋两岸足有1000人参与了这次运输行动，可是德国的情报部门一点也没有察觉，始终不知道这个秘密。

丘吉尔的"鱼雷行动"的胜利实施，给他战胜希特勒平添了无穷的勇气，因为这几十亿的黄金储备，能使他的腰杆挺起来，即使希特勒攻陷英国，他也能在外国继续领导英国人民打击侵略者。

正义密码

第二次世界大战盟国秘事

"超级机密"的价值

1940年11月14日晚上19时，飞蝗般的德国轰炸机突然扑向英国考文垂市的上空，炸弹铺天盖地地落入楼区、房屋，耀眼的火光冲天而起。在长达10个小时的轰炸后，城市变成了一片废墟。人们大概不会想到，英国首相丘吉尔其实早已经知道了这次德国空袭考文垂市的计划，但他却没有采取任何防御和转移措施。丘吉尔为何这样做？他究竟是怎样想的呢？

英国城市遭受
纳粹空军轰炸

1940年11月14日，晚上19时5分，英国考文垂市的上空突然响起刺耳的防空警报声。

5分钟后，德国"海因克尔"飞机在月光皎洁的城市上空拉开了死亡的黑幕，飞蝗般的炸弹铺天盖地地落入楼区、房屋，耀眼的火光冲天而起。

德国在考文垂市进行了长达10个小时的轰炸。城市被一片火海淹没。巨大的爆炸声震动得该市地动山摇，城市变成了一片废墟。

英国首相丘吉尔听到报告，满脸愤怒，却一声不响。人们不会想到，丘吉尔事先已经知道了这次德国准备空袭考文垂市的计划，但他却没有采取任何的防御和转移措施。

事后当人们得知这一真相时无不目瞪口呆，丘吉尔为何这样做？他究竟是怎样想的呢？

原来，在第二次世界大战期间的欧洲战场，德国的实力一直令邻国担忧不已，邻国也都在为能搞到德国的情报而绞尽脑汁。如果作出一点牺牲能获取其军事机密，那么是在所不惜的。考文垂就是这种状况下的牺牲品。

事情的经过是这样的：

早在20世纪30年代末，纳粹头子希特勒就向全国宣布，要在欧洲建立起一个帝国。这对于他的邻国来说就意味着战争随时都有可能爆发。而一旦战争爆发，对方的实力如何？有多少坦克？多少飞机？多少潜艇？它的石油和钢铁的生产能力怎样？这些都是英国人急于想得到的情报。

而作为一个大国，机密一旦为人所窃，它的结局必将是处处被动挨打，

接受失败的结果了。希特勒非常懂得严守秘密的重要性。德国政府早在1934年就开始了更换密码系统的工作。在极其保密的条件下，德国研制出了一种被称做"哑谜"的密码机。

这种机器具有很多优点，它的价格十分低廉，且结实耐用，操作和保养也十分简便，携带方便。更为神奇的是，对方是否能得到这种机器相对来说是无关紧要的，因为如果不知道编码的程序，这种机器对于缴获者来说是没有任何用处的。

因此，希特勒十分重视"哑谜'，对它的相信达到了迷信的程度。他认为任何国家都不可能破译它的密码。正是出于心理上强烈的依赖和自负，希

空军轰炸

特勒毫不犹豫地让德国国防三军部队全部采用了"哑谜"。

"哑谜"问世后，的确给其他国家的情报部门带来了困难。英国人为了破译"哑谜"的密码绞尽了脑汁。他们非常清楚，一旦破译了德国的密码，就能非常方便地了解希特勒的一切决策和军事行动计划，这对于夺取战场上乃至整个战争的胜利都有着重要的意义。

就局部战役来说，有了它就可以争得主动、抢先突击、事先布防等。

英国人学着德国人的样子也制造出了一种与"哑谜"一样的机器。可是，光有机器是没有用的，首先要了解编码系统的程序。

但是，想要从德国人手中得到编码系统和编码程序是非常困难的。德国人极其小心谨慎，即使英国人把它们弄到了手，德国人知道后也会很快并且轻而易举地更换它们，使英国人到手的程序和编码毫无用处。

任何事物都没有绝对的。所谓超级机密并不是绝对安全。英国人在研究"哑谜"的密码和系统上所付出的努力终于有了回报。

首先，他们从研制能模仿或能解释德国国防军每一个"哑谜"方式的机器入手，从而能推出所有德军主要司令部日日夜夜、成年累月发布命令时经常变换的编码程序。经过艰难的攻关，英国人终于制成了具有上述功能的机器。英国人给它起了个名字叫"炸弹"。

1939年年底，"炸弹"破译出了德国的密码，英国人欣喜若狂，并把这种破译视为"超级机密"，千方百计地防止德国人知道这一"超级机密"。

对英国人已经窃取了他们的密码系统这一事件德国人一无所知。这样，英国人就掌握了主动权。"炸弹"所破译的"超级机密"第一次用在战场上是英国粉碎德国的"海狮计划"。

1940年7月2日，希特勒发布了第一组"海狮"作战计划，即开始入侵英国的命令。战役一开始，英国首相丘吉尔和空军参谋部就通过"超级机密"了解到德国空军的大部分——有时甚至全部的计划。

针对德国空军司令戈林要求德国空军要争取控制英国的上空这样一个命令，英国皇家空军制订了集中优势兵力打击德军的方案。因为英国空军的飞

机数量没有德国多，所以只能在适当的地方、适当的时间和适当的高度，集中战斗机中队和主要防御力量，对付德军的主攻力量，却不能也不需要为驱逐漫天数不清的德国飞机，消耗本来就弱小的皇家空军。

8月13日，苏塞克斯和肯特上空，浓云密布。由80架"道尼尔-17"飞机组成的庞大的轰炸机群起飞执行轰炸东彻奇机场和希尔内斯港口的任务，相等数量的"容克-88"飞机飞向奥迪汉和法恩巴勒，一大群"施图卡"飞机则沿着汉普都海岸线飞行。

由于天气的原因，护航的战斗机没有按计划同时起飞，德国轰炸机只好在几乎没有战斗机护航的情况下单独出击。

英国空军司令部在雷达上很快就发现了德军的飞机，按照事先的计划，第八战斗机大队司令派克命令两个"喷火"式战斗机飞行中队和两个"旋风"式飞行中队前去保护泰晤士河口的一支船队以及霍金吉、罗斯汤两地的前进机场。并派出一个机群在坎特伯雷上空巡逻。他们把2／3的"喷火"式飞机和一半的"旋风"式飞机留在手头，以便对德机实施集中攻击。与此同时，第十战斗机大队司令布兰德也派出了两个中队的"旋风"式飞机到多塞特上空巡逻。

德国最先出击的是第一飞行训练团第五驱逐机大队。23架双引擎驱逐机在大队长林斯贝尔格上尉的带领下，进入苏格兰南岸地区。当林斯贝尔格越过英国海岸线时，处在编队最后的一架飞机发出后方出现"喷火"式飞机的警报。

这一警报使德国飞行员们惊慌矢措，因为事实上他们知道，"梅塞施米特"飞机的性能不如英国的"喷火"。林斯贝尔格立即命令全队排成圆形的防御阵形，相互掩护尾部。

林斯贝尔格率先按编队部署开始转弯，在他还没有完全转过弯来的时候，飞在高空的英国歼击机突然高速从后面追上来。林斯贝尔格的飞机马上向右一拐，巧妙地避开了"喷火"式飞机的火力，子弹从旁边擦过。而另一架德机想用俯冲的动作来躲避，但是却被英国飞机击中，接着又有两架德国

飞机被击落了。

这次交锋，德国空军共损失飞机47架，另有80多架被击伤，而英国空军仅损失飞机13架。

戈林曾经向希特勒夸下海口说，英国南部的空中防御将在4天内土崩瓦解，英国空军将在4周内被逐出英国上空。他的嚣张气焰受到了沉重打击。

尽管德国在后来的几次轰炸中取得了一些成果，但戈林却始终没有取得英国的制空权，这是导致希特勒不得不暂时放弃入侵英国计划的重要原因之一。

对于这一次空军的失利，德国并没有发现是因为"哑谜"已经被英国人所掌握。因此他们仍然使用着这个系统。

"超级机密"换取
盟军全面胜利

　　1940年11月12日，德国空军司令部向驻扎在西欧的德国空军机群的司令部发出一批指示。英国的"炸弹"很快就破译了这些指示。

　　这一指示就是被德国人称为"月光奏鸣曲"的作战计划，即1940年11月14日～15日德国空军将对英国的考文垂大教堂和工业区进行大规模猛烈轰炸。

　　根据"炸弹"截获的信号，英国人详细地掌握了德国空军空袭考文垂的战术。这一情况马上被报到首相丘吉尔这里。

　　丘吉尔接到这一情报后，立即召开会议讨论对策。在会上许多人建议采取措施保卫考文垂，因为考文垂位于英格兰的内陆中心，距离伦敦仅有90千米。这里有古老的教堂和最美丽的哥特式建筑，又是英国的主要军火库之一。当时英国有410门机动高炮可供使用，可以把这些高炮火速调来加强考文垂的对空防御。但是，丘吉尔却有个大胆的行动，就是任德国人来炸。他认为，如果英国加强了考文垂的防御，德国人就会怀疑英国人已经得到了空袭的警告，这样，就会危及"超级机密"的安全。是"超级机密"重要，还是一座工业城市重要，这一点，在会议上出现了较大的分歧。一时都不知如何是好了。

　　最后，丘吉尔决定，放弃考文垂，保护"超级机密"。因为"超级机密"的价值不止一个城市，它将是整个战争胜利的保障。有人在会议上提出应该在考文垂市内发布这个城市即将遭到大规模空袭的秘密警告，并事先撤离市内居民和在医院里能挪动的病人。丘吉尔听了后，坚决反对这样做。

　　丘吉尔认为，这样做不但会泄漏"超级机密"，而且会在居民中造成混

正义密码

乱，而混乱比实际轰炸造成的伤亡还要大。最终，英国政府没有将这样一个消息传给任何人，而只是默默地等待着这一时刻的到来。

德国的"月光奏鸣曲"奏效了，考文垂市成了一片废墟。德国人看到这一计划的实现得意忘形了。他们怎能想到这是丘吉尔为了保护"超级机密"而主动付出的代价呢？虽然事后证明丘吉尔的决策是正确的，但是丘吉尔也承受着巨大的心理压力。考文垂被炸成一片废墟，给英国造成的损失也是巨大的。

丘吉尔为了保护"炸弹"而付出的代价得到了回报。英国通过"超级机密"提供的情报，一举击沉了比任何英国战舰都要强大的德国"俾斯麦号"战列舰。"俾斯麦号"战列舰是纳粹头子希特勒非常重视和倾心的一艘战舰，是以普鲁士著名"铁血"首相的名字命名的战列舰，它是德国海军的骄傲。希特勒为了实现称霸欧洲的梦想，重建大德意志帝国，便无视1922年的《华盛顿海军协定》和1935年的《英德海军协定》，在极端保密的情况下建造了它，"俾斯麦号"排水量达53000吨，航速达30节，装有381毫米主炮8

军用电台

062

门，中小口径高平两用炮40余门，并搭有4架水上飞机，而舷装甲最厚处有320毫米，被誉为"不沉的海上堡垒"。"俾斯麦号"建成后，希特勒曾经到这艘战舰上去参观，给予这艘战舰极高的荣誉。自从法国败降以来，英国处境危急，它赖以生存的大西洋海上运输线极为脆弱，被德国击沉的英国商船无数，每月以50万吨左右的速度直线上升。像英国这样的岛国一旦失去外部的物资供给，等待它的唯有毁灭！

丘吉尔十分清楚希特勒是想在他的脖子上套上绳索，然后再勒紧一扣，直至扼死英国。对付大西洋上那些神出鬼没的德国潜艇，已经使英国人焦头烂额。如果"俾斯麦号"再出现在大西洋，英国的海上生命线无疑将面临被切断的危险。"大西洋"这个英国海上生命线绝不能让德国人切断！一定要不惜代价在"俾斯麦号"到达大西洋前将其击毁。

"炸弹"不断地收到德国方面发给"俾斯麦号"的信息。终于，英国人等到了这一天。在明确了"俾斯麦号"的行动计划后，英国海军本土舰队快速舰只组成了突击编队，立即从英国北部的斯卡帕湾基地出发，取捷径直插丹麦海峡南端，截击"俾斯麦号"。

"俾斯麦号"的这一次航行，是在十分秘密的情况下进行的，其目的是秘密进入大西洋，给英国运输船队狠狠打击，以彻底切断英国的海上生命线。由于德国没有航空母舰，因此，"俾斯麦号"战列舰还是很忌讳在途中撞上英国的海军舰队，特别是航空母舰。行进途中，尽管"俾斯麦号"战列舰实行了灯火管制，但却始终没有逃出英国舰队的追踪。德国人并不知道，从"俾斯麦号"上发出的任何"保密"的电文，英国人都已经全部知晓。

所以，"俾斯麦号"在沉入大西洋的一刹那，德国人也没有搞清楚为什么英国会将那么多的战舰迅速地集结到它的周围，给了它致命的打击。

后来，英国又摧毁了德军"埃塔普"舰队。虽然德国在英国摧毁"埃塔普"舰队后一度怀疑是否是海军的密码被破获，但是一个负责调查此事的委员会，几次调查的结果，都排除了"哑谜"已经泄露的事实。

正义密码

第二次世界大战盟国秘事

丘吉尔散布假情报

1941年6月22日拂晓，德国撕毁《苏德互不侵犯条约》，分三路大军突然进攻苏联，苏德战争全面爆发。苏联为抗击德国的入侵付出了惨重代价，同时也为彻底打败法西斯德国和结束第二次世界大战作出了重大贡献。可是，苏德战争之所以爆发的最直接原因是什么？你会不会想到它与英国首相丘吉尔有关呢？

丘吉尔实施
祸水东移战略

　　1941年6月22日拂晓，德国撕毁《苏德互不侵犯条约》，突然进攻苏联，苏德战争全面爆发，第二次世界大战进入新阶段。

　　苏联为抗击德国的入侵付出了惨重代价，同时也为彻底打败法西斯德国和结束第二次世界大战作出了重大贡献。

　　虽然第二次世界大战已经过去了60多年，但是当年的许多档案资料仍尚未公开，关于这场大战爆发的有关细节依然笼罩着不少神秘色彩。

　　在苏德战争爆发61周年前夕，一位名叫纳瓦罗佐夫的军事史专家经过研究当时的历史事实，发表了一篇题目为《希特勒由于丘吉尔而几乎赢得胜利———一段现在依然是新闻的历史》的分析文章。

　　他在该文中提出了一个石破天惊的观点：苏德战争之所以爆发最直接的原因竟然是英国的丘吉尔为了祸水东移、离间苏德关系而故意向斯大林和希特勒散布假情报导致的。

　　1939年9月3日，德国与苏联签订互不侵犯条约后进攻波兰，英法两国被迫对德宣战。在人们的心目当中，法国是很强大的，在第一次世界大战中，德国是战败国。

　　而眼前的情景和形势与第一次世界大战时形成了明显的对比：法国已被德国闪击战打败了，苏联实际上成了德国的盟友，德国对英国的入侵迫在眉睫。

　　在这之前，人们根本没有料到德国会对英国发动侵略。然而，它却活生生地摆在了英国人的面前。

　　保守坚持绥靖政策的英国首相张伯伦被迫下台后，丘吉尔成为英国人心

目中的英雄。人们看到的是来自英国首相丘吉尔对英国英雄般的赞歌，然而当时的情况却预示着流血、流汗、苦役和眼泪。

"可是，英国人有他们自己的胜利，预示着他们最终会获得胜利，因此，英国人那时候依然等待着德国人的入侵，这是英国以往历史和未来1000年中最美好的时刻，是英国人曾生活过的最伟大时期，英国人将会继续与德国战斗直至取得最后的胜利，不管如何恐怖，不管前面的道路多么漫长和艰辛，胜利必定属于英国人民，因为没有胜利就没有生存。"

实际上，当时英国处境远远要比丘吉尔在上述《第二次世界大战回忆录》中描述的危险得多。人们相信，分割波兰的斯大林和希特勒很可能继续瓜分世界其他地方。

正如所有人知道的，斯大林向希特勒源源不断地提供发动战争所需的各种生铁、棉花、粮食、锰和硫黄等原材料，如果斯大林再允许德军自由通过苏联边境向印度这个英国后方基地进攻，后果将会是非常严重的。

还有，张伯伦和法国的达拉第给予斯大林的冷遇，东西方长期的利害冲突，特别是意识形态的巨大差别，一旦苏联加入德国阵营一道反对英国，结果将更加可怕！

这样一来，离间苏德同盟，实施祸水东移策略就成为当时丘吉尔政府生死攸关的头等大事。

为了离间对英国构成潜在威胁的苏德同盟，丘吉尔指令英国驻莫斯科大使克里普斯于1941年4月19日将一份英国方面的备忘录转交给苏联人民外交委员会委员维辛斯基。

在这份备忘录中，丘吉尔警告斯大林说：

如果英德战争持续时间过长，英国将考虑与德国达成结束战争的和平协议。

这位英国大使还告诫说："近来，在有影响力的德国人圈子中已谈到了

签署这样一份和平协议的各种条件，西欧将恢复到第二次世界大战前的状态，而德国可能集中兵力向东方进军，以便在那里确保德国人的生存空间足够。"

英国这份特殊备忘录的目的十分清楚：斯大林千万不要犯傻，苏联方面应该在德国军队正把主力用于对付英国的时候，立刻向德国发动进攻，因为英国已经有打算和德国谈判议和了。希望斯大林不要等到德国和英国之间签署了和平协议再动手，因为到那时，德国已经有精力集中所有的兵力来对付苏联了。

处于讨论阶段的所谓英德和平协议，实际上是丘吉尔为了保护自身而特意散布的假情报。

丘吉尔一边劝说斯大林首先进攻德国，告诉苏联希特勒企图对其发动进攻；另一边他又劝说希特勒进攻苏联，因为斯大林企图进攻德国。丘吉尔这种离间术对斯大林和希特勒两人居然产生了意想不到的效果。

摸透了斯大林和希特勒脾气的丘吉尔的判断无疑切中要害：假情报必须让斯大林相信希特勒会进攻苏联，那么斯大林就会先突然对德发动进攻。当然，同时也要让希特勒相信斯大林即将进攻德国，那么希特勒也就会突然对苏联发动攻击。

丘吉尔自认为是搞谍报活动的行家里手。早在担任英国首相之前，他就自己组建了秘密情报机构，他的部下不断向他提供"日耳曼人重新武装"的各种秘闻，他故意将其泄露给外界，以此作为德国准备向英国发动进攻的证据。

担任英国首相之后，英国秘密情报机构完全由他支配，进行这样的挑拨离间的假情报工作自然也就得心应手了。但"谍报老兵"丘吉尔似乎忽视了一个重要的情况，那就是在他自己的情报机构内还隐藏着特工。

当时，苏联在英国情报机构中安插了许多间谍，但这些间谍似乎也分成了派别。一个名叫菲尔比的苏联特工向斯大林报告了丘吉尔在制造假的情报。菲尔比是苏联情报机构的重要谍报人员，虽然过去他曾为维也纳共产党工作，他的妻子是奥地利共产党党员，而且他还存在"酗酒"问题，但他在英国秘密情报机构中的职位却不断晋升，他也为苏联提供过重要的情报。

英国战时首相丘吉尔（雕像）

一次，苏联情报机构让菲尔比为他们提供一份当时正在苏联和即将派往苏联的英国特工名单，这样的情报是非常难搞的，菲尔比仍然及时完成了这个任务。

同时，在英国的其他谍报人员也向斯大林报告了丘吉尔提供的假情报，这种假情报的目的就是要让斯大林相信德国企图进攻苏联，同时要让希特勒相信苏联准备进攻德国。

斯大林收到情报后，自然看清丘吉尔的意图。斯大林觉得，要是英国和德国在和谈上一直在进行的话，那么丘吉尔怎么会向他斯大林转告这样的重要信息呢？

因为英德一旦取得和谈的成果，斯大林就会是他们的对手了。况且，如果和谈是真的，那么，斯大林肯定会做好准备，或通过官方或通过与德英之间的秘密渠道竭尽全力去挫败他们的图谋。

出于这样的判断，成为斯大林对手的就不会是希特勒，而是丘吉尔了。

其实，在1941年6月初，丘吉尔已经开始相信希特勒真的要计划进攻苏联了。这样他就不再需要散播假情报了，因为一旦德苏开战，斯大林也就成为了英国的一位潜在盟友，他可能帮助英国共同反击希特勒的进攻。

因此，此时的丘吉尔开始诚挚地提醒斯大林。可是，很自然的，斯大林将丘吉尔真心实意发出的警告误认为又是其散布假情报的一种手段。

希特勒发动
入侵苏联战争

　　虽然丘吉尔的假情报被斯大林看穿，却对希特勒产生了重要影响。

　　希特勒进攻苏联的主要理由自然是因为他信奉豪斯霍费尔的地缘政治理论：征服俄国是实现统治世界的关键。同时进攻苏联是场大规模的地面战，这是希特勒所喜欢和擅长的作战方式。

　　虽然德国与苏联已经签署了《苏德互不侵犯条约》，但是希特勒从内心深处感到，红色苏联是他最大的敌人，要知道，第一次世界大战的战胜国就有苏联的前身俄国。希特勒之所以和斯大林签署那个条约，就是害怕苏联向德国发动进攻，如今，丘吉尔提供的有关苏联要向德国发动进攻的情报，他无法不有所怀疑。

　　正是出于担心苏联对德国可能发动进攻，在对苏发动进攻前夕，希特勒在致墨索里尼的一封信中明确地表明了，担心苏联对德发动进攻是他首先动手的原因，他没有理由不相信从英国传回的有关情报。而且没有任何一名特工向他本人报告说这情报是假的。

　　另外，希特勒对斯大林的印象是：一介莽夫，像他本人一样酷爱战争。这就更增添了希特勒要首先动手的砝码。

　　斯大林太自信了，如果说菲尔比发回的情报中还让人感到丘吉尔的情报是假的的话，那么，斯大林的王牌特工佐尔格1941年5月12日发回的报告，应该引起斯大林的注意。因为这时，丘吉尔向他发出的警告已经是真实的了，佐尔格的报告同丘吉尔的警告基本一致，并把德国出兵计划的详细情况汇报给了斯大林。佐尔格的报告具体列出了希特勒对苏发动进攻的日子、多少个

МАРШАЛУ
ЖУКОВУ

斯大林和朱可夫（蜡像）

德军步兵师和进攻的主攻方向。但所有汇报上来的情报都被斯大林怀疑成是丘吉尔的假情报。

斯大林对这种假情报采取了如下两个措施：

第一，告诉所有部下，关于希特勒企图进攻苏联的所有情报都是假情报；第二，向希特勒证明苏联并不打算对德发动进攻，即让希特勒千万不要相信丘吉尔的假情报。

1941年6月下旬，正当德国对苏联准备发动进攻前夕，斯大林和他的高级将领在一起讨论当时的军事形势，虽然斯大林仍然不相信希特勒会攻击苏联，德国军队的调动还是引起了苏联方面的注意，但没有达到战备的高度。在会上，苏联的最高指挥部门只是向边防军下达了战争的准备。即使是这样，斯大林仍然怀疑发布这道命令的时机是否成熟。

苏联边防军正在进行战争动员工作的情报很快被报到了希特勒这里。希特勒一阵窃喜：丘吉尔的意见是对的，德国必须发动进攻以阻止斯大林的进攻。

德国三路大军箭已上弦。

而此时的斯大林却向他的部队发出了这样的命令："即使德军发动进攻，苏联边境地区的军队也不应对这些挑衅行为作出反应，以免节外生枝。"这样，丘吉尔的那些假情报就彻底毫无用处了。

但此时的斯大林已经是一厢情愿了。

1941年6月22日凌晨3时40分左右，斯大林被人叫醒，部下通过电话向他报告说：德国轰炸机正在轰炸"我们的城市"。斯大林几乎难以置信，他一言不发，部下多次重复电话内容直至斯大林相信了正在发生的一切。

苏德战争爆发11天之后的7月3日，斯大林才通过广播向全国军民发表了一次迟到的抗德演说。

至于苏军方面，由于斯大林的命令，所以他们完全没有作战准备工作。在入侵苏联时，希特勒彻底击溃了苏联在欧洲领土部署的部分军队，苏军撤退时混乱不堪。战争刚刚开始，德国军队就俘虏了120万苏军将士。

但在列宁格勒，德国军队遭到了苏联红军顽强的抵抗，战斗异常激烈。

⬆ 在列宁格勒，德国军队遭到了苏联红军的顽强抵抗

苏联红军终于粉碎了德国的进攻，稳定了列宁格勒一线的战局。这也为后来斯大林格勒保卫战赢得了精神上的支持。

7月中旬，在入侵苏联3星期之后，希特勒的部队已挺进到距苏联政治、经济与军工中心莫斯科大约200千米的地方。这时，希特勒的将军们给斯大林送了份礼物：

他们停止了向莫斯科的推进，花了两个半月时间来进行部队休整，德军统帅部针对苏德战场出现的形势改变了战略计划，放弃全面进攻，转而在苏德战场南翼实施重点进攻。

能得到这一宝贵的时间令斯大林惊喜不已。

他当然不会丧失时机，但是却无法拿出更多的兵力来保卫莫斯科。斯大林已经准备放弃莫斯科了。

据俄罗斯政府在后来公布的苏联档案资料中，有一份1941年10月18日斯大林向国防委员会和苏共中央政治局的演讲记录：今天就立即离开莫斯科，

唯一的希望是军队很快将开始从西伯利亚和远东赶来，用火车输送军队工作已开始了。

人们看到这份资料后感到的是后怕，因为如果希特勒在当时的莫斯科有一名谍报人员的话，那么这名特工肯定会在10月18日后，在西伯利亚和远东苏军赶到莫斯科之前就向德国报告莫斯科的实际情况。莫斯科已被苏联政府所放弃，这里没有警察，所有办公室都空无一人，任何人都可进商店拿走剩下的东西，住在城里的都是些很平常的老百姓。

在德军休整部队的时候，西伯利亚和远东的苏军正在日夜兼程开往莫斯科的列车上呢！

希特勒没有进入不设防的莫斯科。相反，却下令对其他地区的苏军进行严密围堵。结果，西伯利亚和远东苏军在1941年12月5日击溃了在苏联几乎无法过冬的德军，彻底扭转了战争的局势。

正义密码

第二次世界大战盟国秘事

轰炸高加索油田

　　二战前夕，斯大林同希特勒签署《苏德互不侵犯条约》，斯大林同意向燃油缺乏的德国供应石油，英国等欧洲国家得到这个消息，发誓要加以阻挠。用什么办法阻止呢？他们认为摧毁苏联位于高加索的大油田是最好的办法。英国皇家空军根据高空侦察机拍到的图像，制订了绝密计划，决定对苏联高加索地区的油田进行3个月的战略轰炸……

英法计划
偷袭高加索油田

1941年，第二次世界大战开始的第三个年头，此时的德国正全力以赴对付欧洲各国，在吞并了波兰后，又全力攻击法国。当时的苏联还没有受到德国的进攻，它与德国之间还有一个《苏德互不侵犯条约》。

在阿塞拜疆首府巴库上空，一架国籍不明的飞机正悄然飞临，对这里的大型油田进行偷拍。

数天内，已有许多架飞机飞临油田的上空。苏联方面显然已经察觉到这些飞机的来意，于是调集了密集的炮火对其进行轰击，战斗机也紧急升空进行拦截。

人们知道，第二次世界大战时期德国就曾经用同样的方式窥探其他国家的军事秘密。而这一次也是德国人的飞机吗？不，这次是英国人的飞机。

英国人的飞机到这里来干什么呢？

原来，根据斯大林同希特勒签署的《苏德互不侵犯条约》，斯大林同意向燃油缺乏的德国供应石油。英国等欧洲国家得到这个消息后十分不满，如坐针毡。

他们发誓一定要加以阻挠。英法两国都认为，苏联向德国提供的石油被德国全部用来进攻法国和英国，所以，阻止苏联向德国运送石油是当务之急。用什么办法阻止呢？能够达到这样一个目的的途径之一就是摧毁苏联位于高加索的大油田。

英国皇家空军根据高空侦察机拍到的图像，制订了绝密计划，即英国空军将对苏联高加索地区的油田进行长达3个月的战略轰炸。在德国战胜法国、

荷兰、比利时以及卢森堡后，英国认为德军机械化部队之所以能够如此迅速地进攻，主要是由于苏联的石油供应。

因此，轰炸苏联高加索油田的准备工作紧张地进行起来。英国皇家空军的"布伦海姆"轰炸机群已经进驻中东，随时准备轰炸。

至1941年，战场上的形势发生变化。德国在攻打英国不利的情况下，转而做好了进攻苏联的准备。

英国首相丘吉尔本来一直进行着挑拨德国和苏联关系的活动。这一次，丘吉尔发现德国人是真的要对苏联动手了。于是，丘吉尔向斯大林作了通报，但斯大林像从前一样并没有理睬丘吉尔，苏联境内没有丝毫备战的迹象。

英国人认为，斯大林宁可屈从于希特勒，也不会选择与德国军队兵刃相对。为此，英国做好了用轰炸油田相要挟，迫使斯大林做抵抗德国纳粹的准备。

6月22日，德国开始大举进攻苏联。苏联前线部队很快就被势如破竹的德军打垮，全线崩溃。德国军队迅速地推进到了列宁格勒和莫斯科附近。此时的丘吉尔害怕了。他知道，一旦苏联的高加索地区落入德国人的手里，必将增强德国经济和军事实力。同时也意味着下一步德国将全力以赴对付英国。

形势严峻。6月23日，英国军方决策者们召开会议，商讨如何对付德国占领高加索地区

英国首相丘吉尔 ⬇

苏联领导人斯大林（雕塑）

的形势问题。讨论的结果是，应该抢在德国占领高加索之前摧毁苏联油田。

与此同时，军方也向政府提出通过外交途径向苏联方面施压，提出让苏联自行炸毁油田的建议。

7月4日，英国方面向莫斯科建议，在德国军队抵达高加索油田之前，英国的皇家空军从伊拉克的摩苏尔起飞，摧毁这个油田。作为补偿，英国将向苏联提供重型机械设备和石油。但斯大林回绝了这个建议。

到了7月中旬，苏联的溃败越发严重了。面对这种情况，丘吉尔越来越焦急，留给英国人的时间好像已经不多了。

英国负责制订轰炸计划的石油专家贝尔图这时赶到了伦敦，与军事行动总指挥、陆军少将商讨对策。

贝尔图敦促英国应该

尽快准备行动，并建议该行动只有在苏联刚刚失去对油田的控制，德国刚刚接管油田的混乱时期执行。

而军方则提出在苏联有迹象失去油田时就开始进行轰炸。

这时，乌克兰首府基辅已经陷入德军的包围，尽管丘吉尔知道，轰炸苏联油田将使苏联农用燃油机械处于瘫痪状态，并导致大批的苏联人陷入饥荒，但是德军距离油田只有数百里的距离了。丘吉尔按捺不住，再次呼吁斯大林尽快自行摧毁油田。作为回报，英国将向苏联提供一亿英镑用于进口石油。他告诉斯大林：如果苏联方面不自己动手炸毁油田，那么，英国将出手替苏联来完成。

此时，英国皇家空军已经制订出摧毁苏联石油工业计划的大部分详细步骤，即全面摧毁高加索地区的石油泵站、炼油厂和石油输送设施。

由于无法准确估计苏联空军将如何对付出现在高加索上空的英国飞机，为了减少风险，军方建议轰炸机夜间进行低空飞行袭击目标，并列举了3方面的优势：轰炸引起的大火，会使轰炸目标更加清楚；海岸沿线城市比较容易定位；苏联的防空相对较为薄弱。

英国人知道，这部分油田的高度低于海平面，如果幸运的话，只要一次有效的轰炸，就可以将油田变成一片汪洋。

然而，轰炸另一个国家的油田到底是否有必要，英国人心里还是没有底。至少要选择最恰当的时机和充分的借口。

1941年秋天，基辅被完全包围，50多万苏联红军成为德军的俘虏。苏联南方战线危在旦夕。几天后，德国开始进攻莫斯科，并很快就推进到距离莫斯科140千米处。苏联红军的溃败，为德国军队直捣北高加索地区开辟了道路。

至10月20日，德国军队已经到达距离莫斯科不到65千米的地方。与此同时，英国也在不断向伊朗增兵。

丘吉尔告诉斯大林，英国的军队将有效地保障苏联供给线的畅通，并可以向高加索派遣英军协同苏军作战。

斯大林对丘吉尔在高加索地区以及伊朗问题上的用意颇为怀疑，对英国的"好意"丝毫不领情。他用冷冷的口气回复丘吉尔：高加索没有战争，战争在乌克兰。

丘吉尔对斯大林的态度十分气愤，他埋怨苏联的不领情，并指责说正是苏联同纳粹德国签订了条约，让德国攻破了波兰的大门，开始了这场战争。

他一度怀疑苏联面对德国军队的进攻能否迎刃而上，他曾经说：

　　我们不知道，当希特勒攻打他们的时候，他们会迎刃而上，还是踌躇不决。有着这样一种背景的政府竟然指责我们试图靠着他们的血本，在伊朗争取利益，这真让我感到寒心。

丘吉尔指示总参谋部，不管斯大林怎样表态，英国都要作好轰炸油田的准备，只要德国军队向巴库进军，英国就要阻止他们。

在伊拉克境内待命的英国皇家空军已经随时准备实施轰炸，当时的态势异常紧张。

纳粹东侵
促使英国放弃初衷

然而，随着冬季的到来，德国军队在苏联境内的战斗情况越来越成问题，他们已经没有了先前那样的勇猛，他们一开始就已经把苏联红军打得几乎失去了一半的军队。

可是，在冬季到来的时候，德国人发现苏联红军并不是像他们想象的那样快要没有战斗力和没有兵源了。相反，红军反而越来越多起来。

这得益于苏联的独特的"第二力量"制度，这个制度就是：在和平时期，每一位师长都有两名副手。其中一人是常规的副师长，另一人则只有部分职责——他另有一项秘密职务：第二力量师的师长。

当战争来临时，师长和常规副师长带领这个师出发打仗，而剩下的那位副师长这时成为"第二力量"的师长，把像他一样的"第二力量"的团长、营长等召集起来，重新成立另一支队伍，这样苏联红军的实际军力并不像德国将领们开始估计的那样少，也就是令德国人感到大惑不解的苏联红军怎么会越打越多的原因。

由于苏联红军自身兵源的增加，以及从西伯利亚来的援军也及时赶到，加上此时已是隆冬季节，德国军队无法适应苏联冬季的寒冷气候，德军对莫斯科的进攻于12月初开始停滞不前了。

气候的恶劣，加上援军不足和武器供给短缺，德军此时已经陷入了进退维谷的两难境地。斯大林借此时机发动了大规模的反攻，迫使德军节节败退。

苏联的节节胜利，让英国人如释重负。然而，轰炸行动的准备工作并没有停止。伦敦方面认为，冬季结束后，德国人还会卷土重来，苏联首都莫斯

科仍然处于严峻的威胁之中。

　　果然，到了1942年的夏天，希特勒再次集结兵力大举入侵苏联高加索地区。尽管苏军给予了顽强的抵抗，但阿尔马雅尔和麦科普还是相继落入了德国人的手里。

　　此时的英国，正被德军具有"沙漠之狐"之称的隆美尔入侵埃及，以及日本占领新加坡和缅甸搞得焦头烂额，已经顾不过来苏联战况以及高加索的局势了。德国人这回可以轻松地夺得高加索地区的油田了。

　　但是，德国人犯了一个更大的错误，他们没有夺取油田，而是将全部精力用于进攻斯大林格勒。英国的轰炸行动也就不了了之了。

后来，英国的这次行动成了苏联对西方极不信任的借口。斯大林认为德国进攻苏联的动机之一就是为了消除英国对高加索地区的威胁；而英国则绝不承认对苏联实施空中打击的计划促使德国对苏联的入侵。这种敌对的状态一直持续到冷战时期……

苏联军队正在反击

正义密码

第二次世界大战盟国秘事

穿越世界最高峰

　　"七·七事变"后，几个月之内，日军便占领了许多中国领土。1938年10月，广州、武汉沦陷，中国通往国外的主要海上通道以及重要国际运输线被切断，面对这种严峻形势，中国决定打破日军封锁，开辟中国至印度的空运线。在飞越"驼峰"的行动中，中美两国飞行人员不畏艰难困苦，不怕流血牺牲，胜利地完成了大量空中运输任务。

飞越"驼峰"
开通空中运输线

第二次世界大战期间，中美两国飞行人员为了打败共同的敌人——日本，共同创造了世界航空史上的壮举——飞越"驼峰"，为同盟国最终战胜貌似强大的敌人起到了一定的作用，使亚洲——特别是中国战场，有效地阻止了日军，使其不能派出更多的兵力和物力去支援欧洲战场。

飞越"驼峰"行动中，中美两国飞行人员不畏艰难困苦，不怕流血牺牲，完成了大量的空中运输任务，为美国航空兵从中国基地出发对日本进行战略空袭提供了军需保障；为中国军队提供了抗日作战急需的物资，对中国抗日战争的胜利，对世界反法西斯战争的胜利，起到了积极的作用。

当人们回首这段往事的时候，发现当年飞越"驼峰"的壮举是那样地令人振奋，同时也令人难以置信。

"七·七事变"后，日本侵华战争全面爆发，蓄谋已久的日军向中国发起了疯狂的进攻。几个月之内，日军便占领了许多中国领土，北平、天津、上海、南京等大城市相继失守。

1938年10月，广州、武汉沦陷，中国华东地区通往国外的主要海上通道以及香港经粤汉线的重要国际运输线均被切断，中国内地从外界获取抗战物资的通道只剩下3条陆路运输线：一条是从云南昆明经滇越铁路通往海防；第二条是从昆明经滇缅公路到缅甸的腊戌再转仰光；最后一条就是从新疆的公路通往苏联。

然而，随着日军的步步逼近，不久，这3条陆路运输线也先后被切断、封锁了——1940年9月，日军占领了越南的河内和海防等地，由中国云南至越南

的滇越铁路运输线被日军切断。

1941年6月22日，德国法西斯军队向苏联发起突然进攻，几百万德军以闪击战的方式从多个方向向苏联进攻，直逼莫斯科——此时的苏联全国动员抗击德军的侵略，自顾不暇，对中国的物资供应已微乎其微，通往苏联的物资运输通道也就名存实亡了。

仅存的唯一一条国际运输线——中国云南至缅甸的滇缅公路又因道路崎岖，地形复杂，管理不善，车辆缺乏而导致运输量小，并于第二年缅甸失陷后彻底中断了。

至此，中国与外界的物资运输通道，均已被日军全部封锁，中国与国际间物资联系已被完全切断，中国的出口物资运不出去，外援和进口的军用武器装备、器材也进不来。面对这种严峻形势，中国决定打破日军封锁，开辟新的国际运输通道——中国至印度的空运线。

用于空中运输的飞机 ⬇

1942年1月30日，中国国民党政府代表宋子文向美国总统罗斯福递交了备忘录，指出：

> 日本正在南太平洋发起全面进攻，中缅公路已处于极端危险之中，仰光港已关闭，必须开辟一条通往中国的新的空运航线，即从印度的萨地亚到中国的云南、四川。

抗战初期，美国政府曾尽量避免与日本发生直接对抗，但又不愿意放弃中国这个广大市场，所以，对中国抗日战争的态度不冷不热。

1941年12月，"珍珠港事件"爆发、太平洋战争开始后，美国政府对日本的态度发生了根本变化，因此对中国这次提出的中美共同开辟"驼峰"空运的建议，采取了比较积极的态度。

1942年1月31日，即中国代表提交备忘录的第二天，罗斯福总统就表示同意，并让宋子文与军人分配委员会负责人哈里·霍普金斯及有关官员具体研究协商开航计划。

刚开始，美军中曾有人对"驼峰"空运信心不足，认为飞机不会飞得如此之高，开辟空中物资运输线不切实际，流露出消极悲观的情绪。对此，美国总统罗斯福出于战略利益的大目标，坚持要开通这条航空运输线。

5月初，他重申："通往中国的通道，无论有什么困难，必须保持。"

美军遵照总统命令与中国合作，终于开通了这条飞越世界屋脊的"驼峰"空中运输线。

经受考验
输送战备物资超万吨

　　"驼峰"航线南起印度东北部阿萨姆邦的汀江、杜姆杜马等地，北至中国云南省的昆明和四川省的宜宾、重庆、成都。具体航线有很多条，其中主要有：汀江经葡萄、程海至昆明，称为北航线；汀江经达奈卡、河叉、云龙到昆明，称为南航线。

　　由于"驼峰"航线要飞越喜马拉雅山和横断山脉，所以飞行任务是相当艰巨的。因为这里的山峰海拔高度多在3500米左右，有的高达6000米。同时，由于航线所经过地区地形崎岖，山势陡峭，峡谷幽深，飞行途中一旦飞机遇机械故障等特殊情况，几乎难以寻找到一块紧急迫降的场地，即使飞行人员跳伞，落地后也难生还。因此，即使很有经验的飞行人员面对"驼峰"航线也感到紧张。

　　由于高原的原因，"驼峰"航线的气象条件更是复杂，风云变幻莫测，气候恶劣，严重威胁着飞行安全。

　　一是飞行中常会遇到强大的西南气流，使飞机偏离航线，进入北部更高的山区，如飞行员不能及时发现和修正，飞机就有撞山的危险。

　　二是高空风力变化大，风速时大时小，有时可达每小时200千米以上，从昆明向印度汀江飞行时，有时突遇大逆风，飞行时间延长很多，若飞机载货量大，油料加得少，飞机就难以到达目的地。

　　三是飞行中飞机结冰现象严重。由于各种气象因素变化快，飞行中飞机经常出现结冰现象，有时结冰非常严重，难以除掉，如飞机载荷大，飞行安全系数低，极易造成事故。

　　四是空中气流不稳，飞机颠簸严重，高山峡谷之中上下气流波动很大，且很不规则，时有强大的气流袭扰飞行，可把飞机突然上下抛掷500米至1000米，飞行员根本无法控制，身体也非常不适。

　　五是云雨难测，雷雨频仍，每年5月至10月常有暴雨肆虐，还有亚热带的狂风，以及澜沧江、怒江的兴风作浪，使"驼峰"飞行中的天气瞬息万变，

飞机飞越"驼峰"

艰险难测。

由于地形条件和技术水平的限制，"驼峰"航线的飞行情报、通信导航、气象等各项保障条件也非常差。航线上几乎没有什么雷达情报保障，空中飞行状态地面基本无法掌握，因此也就谈不上进行有效的对空指挥与控制。

"驼峰"航线飞行中，飞行人员使用的主要航行资料和航空地图，都是

美国人编绘的，许多资料陈旧，大部分未经实测校验，有些地标之间关系位置与实际情况相差较大，飞行人员若不能参照地面实际地形地物，适时检查修正航行线路，就很难保证航线的准确并进行安全飞行。

艰险复杂的地形，恶劣的气象环境，极差的雷达情报、通信导航、气象等条件，使"驼峰"航线成为世界上名副其实的最艰险的航线——飞越"驼峰"的空中运输成为世界上最艰巨的空运行动。曾经飞越"驼峰"的飞行人员形容"驼峰"飞行之难难于上青天。

参加"驼峰"空运中国方面的空、地勤人员约1000余人，航运开始初期，正驾驶员为美、英等国人员，后来逐步由中国飞行员担任。

最早担任该航线正驾驶员的陈鸿恩、陈文宽、梁广尧、陈文意、陈启发等，都勇敢地经受了"驼峰"航线艰难飞行环境的考验，成为中国运输队中的骨干。

"驼峰"空运后期，中国方面的飞机数量不断增加，为此，还在昆明招收了一批大学生，这批大学生经过一段时期的飞行训练，充任空运飞行的副驾驶员，后来，各个方面如领航员、通信员、机械

正义密码

美军运输机

人员也大多由中国航空技术人员担任。但飞机失事和人员伤亡数量也不少。

　　据有关资料统计，"驼峰"空运从1942年5月至1945年9月，3年多的时间里，共损失各型运输机514架，占其参加空运全部飞机的50％以上；中美两国共牺牲飞行人员1500人左右；平均每月损失飞机13架。1943年下半年尤为严重，损失飞机155架，牺牲飞行人员168名。

　　从损失的飞机和伤亡的人数上来看，"驼峰"航线是相当危险和艰苦的，美国曾有人认为"驼峰"空运飞行的危险性不亚于第二次世界大战欧洲战场盟军对德国的战略轰炸。

　　后来，从历史资料和曾经亲自参加过"驼峰"航线飞行的中美两国飞行人员的记录分析，可以归纳出以下几个方面：

　　但经过中美两国飞行人员的共同努力，克服了重重困难，终于完成了大量的物资运输任务，使飞越喜马拉雅山山脉和横断山脉的"驼峰"航线，成为印度阿萨姆和中国云南、四川之间的一座空中桥梁。

　　"驼峰"空运的成就为世人所瞩目，它对第二次世界大战以后空中力量的使用产生了重大的影响，它显示了空中运输的巨大潜力，也证明了运输航空兵是一股重要的战略力量。

　　1942年5月，"驼峰"空运正式开始。

　　刚开始时由于各项组织保障、指挥协调等工作不力，投入的空运飞机少，运输量较小，6月份一共才空运了296吨物资，但随着飞行架次和货运量的逐步增加，到1942年年底已达到每月千吨以上，1943年增至每月1万吨，1944年8月达2万吨，至11月，空运总量已高达35万吨左右，空中运输能力已远远超过滇缅公路的每月4000吨。

　　"驼峰"空运不平凡的经历也给中美两国飞行人员留下了难忘的记忆。

　　两位曾参加过"驼峰"空运的美国空军飞行员威尔·埃里克森和迪克·丹尼尔斯说，在"驼峰"飞行的日日夜夜，无论从反法西斯战争或个人经历来说，都是永远值得怀念的。

正义密码

第二次世界大战盟国秘事

山本五十六之死

　　1943年4月14日，美军截获并破译一份日军机密电报：日军联合舰队司令长官山本五十六定于4月18日视察巴拉尔、肖特兰和布因等前线阵地。面对这个策划轰炸珍珠港的元凶，美军紧锣密鼓地制订了猎杀山本的"复仇行动"，并决定选用最先进的"闪电"战斗机为参战机型。一张死亡之网铺天盖地的撒向了这个被日本视为"军神"的战争魔王……

破译密码
美军实施复仇行动

1943年4月14日，珍珠港。

早上8时刚过，美国太平洋舰队司令部的情报参谋埃德温·莱顿海军中校拿着一份文件快步走进美国太平洋战区总司令兼太平洋舰队司令切斯特·尼米兹海军上将的办公室，莱顿手上的文件是刚刚截获并破译的日军机密电报：

联合舰队司令长官定于4月18日视察巴拉尔、肖特兰和布因的日程安排如下：

8时，乘坐"一"式陆上攻击机由6架战斗机护航，从拉包尔起飞；10时，到达巴拉尔，换乘猎潜艇前往肖特兰；11时30分时，到达肖特兰；12时30分时，乘坐猎潜艇离开肖特兰返回巴拉尔；13时30分，到达巴拉尔；14时，乘坐一式陆上攻击机离开巴拉尔；14时30分，抵达布因，在第一基地司令部午餐；16时，从布因起飞返回拉包尔；17时40分，回到拉包尔；如遇天气不佳，本视察日程向后顺延一天。

这是老对手日本海军联合舰队司令山本五十六的视察日程安排，是由日军东南舰队司令和第八舰队司令联名于4月13日20时发给巴拉尔、肖特兰和布因的基地、航空队和守备队主官的。

尼米兹看过电报，抬头对莱顿微微一笑："你的意见，干掉山本五十六？"

莱顿激动地说："山本是策划轰炸珍珠港的罪魁祸首，这次该是让他偿还血债的时候了。"按照日程安排，山本五十六将进入瓜岛机场起飞的战斗机作战半径，正是干掉他的绝佳机会。

这份电报是太平洋舰队无线电情报分队凌晨刚刚截获并破译的。无线电情报分队是在原来由罗彻斯特海军中校指挥的夏威夷海军情报中心站的基础上组建的，该情报站就是破译了日军中途岛战役作战计划密码的功臣，那时已经拥有1000多名工作人员，由威廉·戈金斯海军上校负责，专门截收日本海军的无线电通信，然后进行破译、翻译及情报分析。

分队的密码专家已经逐步掌握了日军各作战单位的战时无线电呼号，摸索出了日军密码变化规律，并成功破译出了日军的部分密码，其中有日本海军运输调度所使用的密码，从中洞悉日军运输船队的航线及中途停泊港，这些准确的情报为美军潜艇部队作战提供了最大的便利。

尼米兹作为运筹全局的战略家，并没有因为可以干掉山本五十六而得意忘形，他首先考虑的是山本五十六死后日本海军是否还有比他更出色的将领来代替他，如果这样，岂不是弄巧成拙？所以尼米兹马上就这一点询问莱顿。作为太平洋舰队的情报参谋，莱顿对日本海军所有大将级别的将领情况都了然于胸，随即向尼米兹逐一列举，分析每个人的资历、经验、能力和胆识，最后莱顿说："在日本海军，山本五十六是最出类拔萃的，而且由于在偷袭珍珠港中的高超指挥，使他成为除了天皇之外，最受军民崇拜的人物，如果干掉他，将给日军士气和民心以沉重打击！"

山本五十六曾数次赴美，或求学或考察或任职，对美国的经济和军事潜力有着极为深刻的了解。所以最初他竭力反对与美国开战，成为日本海军中坚定的反战派人士，甚至因此几乎遭到激进少壮派的暗算。但是山本五十六并不是和平主义者，他所反对的不过是与强大的英美开战，因为他曾准确预测日本即使通过偷袭珍珠港重创美军太平洋舰队，也只不过能保持一年到一年半的优势。所以在他担任第一航空战队司令时积极参与对中国的侵略，他指挥第一航空战队"赤城"号和"加贺"号航母的舰载机对中国城乡进行过

野蛮的轰炸，并积极扩充海军航空兵的实力，使之成为日本海军在战争中最具打击力的利器。

当日本大本营与英美开战的战略方针确立后，山本五十六便一改初衷，竭尽全力策划并组织对美国的作战方针。也正是由于他在偷袭珍珠港作战中的出色指挥，使他被日本海军誉为"军神"，深受崇拜，也被美军视为珍珠港的罪魁祸首，一心要将其置于死地而后快！

这一次，山本五十六在"伊号作战"结束后，决定利用一天时间视察巴拉尔、肖特兰和布因等前线基地，以激励士气。山本五十六的这一决定遭到了很多人的反对。

日本陆军第八方面军司令今村均陆军大将就以2月间自己前往布因视察途中，座机遭遇美军战斗机的经历，力劝山本五十六取消此行。驻肖特兰岛的第八航空战队司令城岛高次海军少将甚至专程来拉包尔劝阻山本五十六，但山本不为所动，执意要去。因此他的副官渡边海军中佐草拟了视察日程安排后要求第八方面军派专人送交，但通讯军官表示该密码4月1日刚刚启用，又是极难破译的5位乱码，美国人根本不可能破译，绝对安全，因此最后还是用无线电发出了。而美军破译专家却只用数小时就将其破译，这一电报无形之中也就成为山本五十六的"催命符"。

美军破译工作如此出色主要归功于新西兰海军"基威"号轻巡洋舰1943年1月29日在瓜岛附近海域撞沉了一艘日军潜艇，并从这艘潜艇上得到了日本海军最新版的密码本，这本密码本对于此次破译绝密电文帮助极大。这也是美国军事情报领域在无线电破译方面继中途岛战役破译日军作战计划之后的又一辉煌成就。

山本五十六对于日本人来说是很重要的。同时，干掉山本五十六也将极大地鼓舞盟军的士气，打击日军的气焰，并能报珍珠港这"一箭之仇"。

尽管尼米兹心里十分想干掉山本五十六，但这不仅仅是军事行动，还牵涉到诸多的政治因素，因此一向谨慎的尼米兹仍不敢轻易拍板，于是向华盛顿请示。

军用电台

当尼米兹的请示电报转到了罗斯福总统那里时，罗斯福正与海军部长诺克斯和海军作战部长金上将一起共进午餐。罗斯福听了汇报，并没有立即表态，因为在西方世界有一条不成文的惯例，战争中不得暗杀对方的国王和统帅，似乎颇有几分骑士风度。

但事实上在第二次世界大战中，无论德国还是英国，都组织过对敌方首脑和统帅的暗杀，倒是美国人还始终坚持这一惯例，所以罗斯福有些犹豫。

倒是金上将的分析提醒了他，金上将指出，山本五十六要去的地方是前线，在作战区域内，一名海军大将和一名普通的士兵一样，都是合法的射击目标。何况山本五十六还是毫无信用发动偷袭珍珠港的元凶，早已失去了国际法的保护，即便他活到战争结束，也要接受军事审判。

海军部长诺克斯也征求了随军主教关于截杀敌方统帅是否道德的问题，在得到肯定的回答后，他也表示了同意。

罗斯福这才下了决心要干掉山本五十六，并为此次行动取了最恰当的名字——"复仇行动"。

尼米兹接到罗斯福总统指示后，立即开始制订行动计划。为了作战能有绝对把握，他们询问了战斗机专家，对各种飞机的性能进行了认真的对比，最后决定选用P-38"闪电"战斗机为参战机型。

这是美军第一种双引擎战斗机，由洛克希德公司研制。最高时速732千米，最大航程3600千米，机上配有1门20毫米机炮和4挺12.7毫米机枪，机炮配弹120发，每挺机枪配弹500发，火力相当强劲，各项综合指标都胜过日军现役主力战斗机"零"式。日军对性能优异的P-38"闪电"战斗机望而生畏，称之为"双发恶魔"。

机型选定后，尼米兹对莱顿说："太好了。现在瓜岛的亨德森机场就驻有装备此种飞机的第三三九战斗机中队！正好派上用场。"

第三三九战斗机中队隶属于南太平洋舰队，归哈尔西指挥。尼米兹于4月15日向哈尔西下达了命令，如果能把山本五十六及其参谋人员打下来，就可以开始执行伏击计划。

最后特别指示用澳大利亚海岸监视哨的名义向战斗机中队发出敌情通报，以免暴露美军破译密码的机密。

哈尔西接到命令，立即向所罗门群岛航空部队司令马克·米切尔海军少将通报了山本五十六的日程安排，要求其出动P-38战斗机，想尽一切方法将山本五十六击毙。

命令最后特别指出：

罗斯福总统非常重视此次战斗，战斗结束速报华盛顿。此份电报不得转抄和保存，立即销毁！

米切尔海军少将是美国海军航空兵的一员骁将，曾任"大黄蜂"号航母的舰长，运送过杜立特空袭东京的飞机，还参加过中途岛海战。接到命令后的米切尔立即召集包括第三三九战斗机中队中队长约翰·米歇尔少校和小队长托马斯·兰菲尔中尉在内的有关人员讨论、研究和制订战斗计划。

米歇尔和兰菲尔一进房间就觉得气氛异乎寻常，几乎岛上所有的高级军官都在，一名海军少校递给米歇尔一份电报："最高机密，第三三九战斗机中队的P-38战斗机务必全力以赴，及时赶到并击落山本五十六座机，总统特别重视这次行动！"落款是"海军部长若克斯"。

随即大家开始一起讨论，最初计划在山本五十六从巴拉尔乘坐猎潜艇到肖特兰途中实施攻击，但很快就有人提出异议，当地日军有不少猎潜艇，无法确定山本五十六乘坐哪一艘，退一步说即使击沉了山本五十六乘坐的猎潜艇也难保证将其击毙。

最后大家觉得只有空中截击座机的办法是最优的。但这对截击空域、时间以及双方飞行速度要求极高，稍有差错就会失去这一千载难逢的机会。

有人提出山本五十六在日本海军中向来以守时著称，这样就可以为截击行动增添几分成功的把握。最终，大伙觉得这个计划可行，于是计划按部就班开始执行。

103

米切尔特意拍了拍米歇尔的肩膀，说："这就要看你的了！"

尽管截击距离长达600千米，没有出色的飞行技术是根本不可能的，但出于对自己中队的信任，米歇尔还是肯定地点了点头："坚决完成任务！"

会议结束后，米歇尔就回到自己的帐篷同情报参谋乔·麦奎甘上尉一起挑灯工作，研究绘制截击航线。瓜岛第三四七战斗机大队大队长维克塞洛上校随后也来到帐篷。

米歇尔指点着航线图向维克塞洛汇报："明天天气预报是晴天无风，山本五十六从拉包尔到布干维尔岛的卡希利机场航程约563千米，'一'式陆上攻击机巡航时速290千米，如果不是顶风，他会提前5分钟到达。我们在他降落前10分钟飞过海岸，如果一切顺利，我们飞入布干维尔岛时就能很快发现山本五十六，我估计山本五十六的飞行高度不会超过3000米，因为这样的高度飞行比较舒适。此时我断定山本五十六将从西面飞来，正降低高度准备降落……"

麦奎甘打断他的话："你凭什么肯定他从西面飞来？"

米歇尔分析道："经过近两小时的长途飞行，飞行员肯定希望尽快着陆，这样肯定是从最近的航线——西面飞来。再说要是他不是从西面过来，我就直接插到岛东，在东面搜索。要是也没有发现，就干脆直扑机场，在他着陆时将其击落！"

"好！"维克塞洛同意了米歇尔的计划。

米歇尔随即向米切尔报告，米切尔仔细研究后表示同意，最后他仍不忘强调：无论付出多大代价也必须干掉山本五十六！随后米切尔就将作战计划电告哈尔西和尼米兹，尼米兹复电：完全同意！并以个人名义预祝好运和取得胜利！

午夜时分，米歇尔在机场召集飞行员。由于日军在卡希利机场驻有百余架飞机，担负截击任务的飞机数量不能太多，否则就有被发现的可能，因此米歇尔只挑选了18人。参战飞行员在经过保密宣誓后进行了分工：兰菲尔等6人为攻击组，从低空不惜一切代价击落山本五十六；米歇尔亲自指挥12人作

为掩护组，在高空牵制日军的护航战斗机，掩护攻击组截击山本五十六。

米歇尔最后说此次战斗没有后备队，如果兰菲尔遇到麻烦，无法投入攻击，掩护组的霍姆斯和海因两人立即接替攻击任务。

随后米歇尔向参战飞行员宣布作战计划：尽管瓜岛与布干维尔岛直线距离仅480千米，但为了避开日军雷达，不仅采取低空飞行，还需要绕道，首先以265度航向飞行55分钟，航程294千米，再转为290度航向飞行27分钟，航程141千米，最后再以305度航向飞行38分钟，航程192千米，这样一来总共飞行两小时，总航程627千米。

4月18日，星期日。

清晨，正如天气预报那样，晴空如洗，微风轻拂。如果不是在战争中，人们处在这样的环境里，一定有一种心旷神怡的惬意。

然而，战争改变了一切。

瓜岛亨德森机场一片忙碌，18架P-38战斗机为了增加航程全部加装了大容量的机腹副油箱。米歇尔召集飞行员，下达出击命令，并强调飞行途中必须严格保持无线电沉默。

米切尔专程前来送行，他望着待命出发的飞行员最后重申："无论付出多大代价也必须完成任务！"

7时30分，P-38战斗机引擎隆隆作响，飞行员依次登机。由于飞机满载燃料和弹药，几乎是超负荷了，飞行员不得不使用襟翼来增加升力。尽管如此，飞机还是几乎要滑行到跑道尽头才离地升空。米歇尔最先起飞，驾机在低空盘旋等待后续飞机起飞编队，与计划完全一致。

7时35分，飞机起飞编队完毕，只是攻击组的麦克拉纳汉的飞机起飞时供油管阀门松脱，飞机无法控制而未能起飞；穆尔的飞机起飞后发现副油箱无法供油，这样就不可能飞到目的地，只得返航。这样一来，攻击组就少了两架战斗机。米歇尔随即用手势通知霍姆斯和海因加入攻击组。机群保持着严格的无线电沉默，只使用罗盘和空速表导航，为了不被日军雷达发现，一直保持着最为安全的超低空飞行。

　　远在800千米外的拉包尔，山本五十六早早起床准备行装。由于山本五十六平时穿的白色军装太过显眼，副官出于安全考虑提醒他换草绿色军装。山本五十六同时想到布干维尔岛上有不少陆军，为了表示对陆军官兵的敬意听从了副官的意见，换上了草绿色军装。

　　驱车到达拉库纳机场后，山本五十六一行匆匆登上第七零五航空队的两架三菱"一"式陆上攻击机，和山本五十六同乘编号323号飞机的是：联合舰队军医长高田六郎海军少将、秘书福崎升海军中佐和航空参谋端久利雄海军中佐，驾驶员是王牌飞行员小谷武男飞行兵曹、长和林信一二等飞行兵曹。

　　和联合舰队参谋长宇垣缠中将同乘编号326号飞机的是：联合舰队总会计北村海军少将、通信参谋今中熏海军中佐、航空参谋室井合治海军中佐、舰队气象长海野海军大尉，飞机由谷本一等飞行兵曹和林浩二等飞行兵曹驾驶。

　　担任护航的是第三零九航空队的6架"零"式战斗机。两架攻击机和6架战斗机编好队形，两架攻击机飞行高度2000米，比翼而飞，战斗机分为两组，一左一右在攻击机后面300米处，直向东南飞去。

　　9时34分，美军P-38战斗机群经过两个多小时飞行后，已经到达了布干维尔岛莫依拉角。米歇尔率各机一面以小角度爬升向岛西飞去，一面开始进行机炮和机枪试射。天高云淡，视野开阔，按照计划，11分钟后就将遇到山本五十六了！米歇尔带着机群盘旋上升，拉开间距开始搜索。

　　9时44分，距离计划时间只有一分钟了，空中毫无动静。米歇尔在心里开始焦急起来，山本五十六在哪里？他一心希望山本五十六能准时到达！就在这时，一名飞行员突然打破无线电沉默，兴奋地呼叫："发现目标！发现目标！左前方10点钟方向！"

　　米歇尔循声望去，两架攻击机和6架战斗机，虽然有两架攻击机，与情报有所不同，但毕竟来了。山本五十六以他一贯的守时作风，准点来赴这次死亡之约！

　　几乎是大海捞针一样的长途伏击，竟然成功了！

　　米歇尔按捺住心头的狂喜，大声下令："全体注意！按照计划投副油

箱！掩护组爬高！"

12架掩护组的战斗机大开油门，急速跃升，爬升到6000米高度。而兰菲尔的攻击组则留在3500米高度，直盯着那两架攻击机！

此时山本五十六座机正准备降低高度着陆，突然，一架"零"式战斗机出列，向右急转——远处10多架P-38战斗机正向北飞来。随即6架"零"式战斗机急速爬升，与米歇尔的掩护组缠斗起来。

而兰菲尔的攻击组则朝两架攻击机猛扑过去，两架攻击机见势不妙，急剧下滑，企图以超低空摆脱攻击。兰菲尔的攻击组哪肯放过，紧盯不放。

这时高空的"零"式战斗机才意识到上了当，有3架"零"式战斗机不顾一切俯冲下来，但为时已晚，山本五十六座机已经被击中，燃起大火，转眼之间化为一团火球，坠入布干维尔岛茂密的丛林。

宇垣透过机舱的舷窗看到了可怕的一幕：黄中透白的火焰笼罩了山本五十六座机的机翼和机身，飞机拖着浓烟向下坠落。宇垣如同坠入无底深渊，什么话也讲不出，只是拉着航空参谋室井，手颤抖着指向那架飞机。

此时美机的炮弹也从宇垣座机旁掠过，显然它也已经被美机盯上了。飞行员驾机拼命地曲折飞行，以躲避攻击。

当飞机急转之后，宇垣就只看见冲天的黑烟从丛林中升腾而起！面对突如其来的情景，宇垣呆若木鸡。

这时又一架P-38冲了过来，第一次射击就准确地击中了飞机，"一"式攻击机在美机的猛烈射击下痛苦地颤抖着，机尾和机翼全被打断。机舱里，室井和几名机组人员浑身是血地倒在地上。

飞行员竭尽全力驾驶飞机向海面飞去，企图在海上迫降，但终于控制不住，飞机一头栽进海中。除了重伤的宇垣、北村和飞行员3人获救，其余机上人员全部毙命。

短短3分钟，两架"一"式攻击机全被击落。这时，卡希利机场上尘土飞扬。显然日军飞机正在起飞，米歇尔不敢恋战，下令返航。

这时他看到一架P-38已经负了伤，还被"零"式咬住不放，形势相当危

急。米歇尔和僚机雅各布森立即上前支援，赶跑了"零"式，但负伤的P-38还是拖着浓烟栽入海中，飞行员是攻击组的海因，他成为此次战斗美军唯一的损失。日军两架"一"式陆上攻击机和3架"零"式战斗机被击落。

返航途中，兰菲尔迫不及待地向瓜岛报告："我打下了山本五十六！"

当兰菲尔因飞机燃料即将消耗殆尽而采用滑翔方式最后一个着陆后，还没等他爬出座舱，机场的飞行员和地勤人员就一拥而上，兴高采烈地拍打着他的肩膀和后背。

后来兰菲尔回忆说："当时就像一个橄榄球中卫，在一场至关重要的比赛中投进了一个决定胜负的好球！"

米切尔待机群回到基地后，立即向哈尔西报告：米歇尔率领的P-38机群于9时30分到达卡希利上空，击落有"零"式严密掩护的两架攻击机及3架"零"式飞机，一架P-38没有返航。4月18日似乎是我们的节日！

接到报捷电后，哈尔西发来了热烈的祝贺电："祝贺你和米歇尔以及他的猎手们作战成功！看来，装鸭子的口袋里还有一只孔雀！"

此后伏击山本五十六之战便以"猎杀孔雀"而闻名。

4月18日这一天，注定要成为美国的节日，日本的倒霉日。因为一年前的1942年4月18日，杜立特率领的b-25轰炸机轰炸了东京，一年后的1943年4月18日，日本海军最出色的统帅山本五十六被击毙。

山本五十六座机被击落后，日本布干维尔岛驻军立即出动搜寻。两天后，陆军少尉滨砂盈荣指挥的搜索小队才发现了山本五十六的尸体。

现场只见飞机机身被无数子弹洞穿，千疮百孔，四周散布着飞机部件和11具尸体。

其中一具坐在飞机坐垫上，手握军刀，姿态还相当威严，胸口佩戴着勋章的绶带，肩章上是3颗金质樱花的大将军衔。不用查看其口袋中的笔记本，单从左手缺了两个手指，就明白无误地证明这正是山本五十六。

随后赶来的医护人员检查了山本五十六的尸体，确定有两颗子弹击中，一颗从颧骨打进从太阳穴穿出；另一颗从后射入穿透左胸。

山本五十六在飞机坠毁前就已身亡，之所以还保持着威严的姿态，那是飞机坠地后唯一的幸存者高田军医摆放的，高田最终也因伤势严重且无人救护而身亡。

日军将山本五十六之死列为"甲级事件"，并开始进行调查，日军也曾怀疑过密码被破译，就故意拍发草鹿𪠽一中将前往前线视察的电文，作为试探。但美军识破了日军的伎俩，在电文提及的时间和航线上，没有出现一架美机。

因此日军认为密码绝对可靠，山本五十六之死纯属偶然。

山本五十六的死，对于日本海军是一次极其沉重的打击。美军的此次胜利是无线电破译人员、司令部参谋人员和战斗机部队共同努力的结果，也是军事史上一次完美的奔袭。

作为击毙山本五十六的功臣，兰菲尔中尉提前晋升为上尉，并获得最高荣誉国会勋章。但为了不暴露破译密码的机密，兰菲尔被立即送回国，直至战争结束才公开了他的战功。

其他参战人员都被警告如果将战斗详情泄露出去，将受到军法审判。美军还煞费苦心地制造伏击山本五十六纯属巧合的假象，所罗门航行队接连几天出动飞机在布干维尔岛附近巡航，机群在航行时还特地穿越日军雷达监视区域。

山本五十六死了，这个双手沾满鲜血的刽子手得到了他应有的下场。人们对山本五十六这样的死似乎还有些不解恨。就像美国人所说：

这算什么，真希望将这个家伙用铁链拴着牵到宾夕法尼亚大街上，任人们唾骂！

击落座机
谁是美军真正英雄

1943年4月18日，日本媒体报道：

> 日本海军联合舰队司令官山本五十六乘坐的飞机在太平洋上空突然遭遇美军飞机。战斗中，山本五十六的座机被美军飞机击落，山本五十六坠机死亡。

这条消息在日本引起巨大轰动，因为山本五十六是袭击珍珠港的"英雄"。

美国当年在发布这则消息时，也同样用了"遭遇"和"偶然"这样的词语。但在战后，美国公布了击毙山本五十六的真相，原来是美军截获了日本的电报，并成功破译了电文内容，采取了伏击的方式，一举将策划偷袭珍珠港的元凶山本五十六击毙。

击毙山本五十六是爱好和平的人们心中的一件大快人心之事。出于保密的原因，直至战后的1960年，美国才将这一真相公布于世。

然而，令人意想不到的是，在是谁将山本五十六击落的细节上却出现了一些争论。

1960年，美军有关击落山本五十六的机密文件获准解密，认定由兰菲尔击落的理由是他在战斗结束后上报的战斗报告。

据托马斯·兰菲尔本人回忆说：

　　当我们快速向日本飞机接近到约1600米时，"零"式战斗机发现了我们，迅速抛下副油箱向我们飞来。两架攻击机一架向岛上飞去，另一架则垂直上升，我朝着第一架俯冲，就在这时，3架"零"式冲了过来。

　　我立即调整方向迎了上去，在即将相撞的瞬间，我猛按炮钮，一串炮弹打掉了为首"零"式的一个机翼，这架"零"式拖着浓烟烈火一头栽了下去。我拉起飞机寻找攻击机，这时又有两架"零"式向我扑来。此时我看见一道绿色的影子掠过丛林，正是那架涂着草绿色伪装的攻击机，我不顾"零"式在后，牢牢盯住攻击机，猛烈开火，将机炮和机枪里的所有弹药都倾泻出去。

　　日机发动机轰然起火，接着火势迅速蔓延到右机翼，眼看着机翼折断，一头栽向地面。此时僚机巴伯也将另一架攻击机击落在海中。听到米歇尔返航的命令，我随即摆脱了尾随在后的"零"式，飞过海湾返航。

　　但是更多的证据显示，兰菲尔的僚机雷克斯·巴伯才是真正击落山本五十六座机的英雄。

　　根据战友的回忆和巴伯接受众多记者的采访，当时兰菲尔受到"零"式的攻击，他没有按照预定计划不顾一切攻击日军攻击机，却转头迎战"零"式。虽说僚机应紧跟长机，但巴伯却紧盯着那架攻击机，转过弯后，巴伯便开火了，子弹和炮弹连连命中。

　　这时巴伯的飞机几乎就要撞上攻击机，巴伯赶紧转弯，机翼擦着攻击机而过，攻击机燃起大火栽向地面。巴伯并不知道这就是山本五十六的座机。

　　接着他看见霍姆斯正在攻击另一架攻击机，立即赶去支援，携手将其击落。此时巴伯的飞机也已带伤，但他打得兴起，请求米歇尔同意干掉尾随在后的两架"零"式，米歇尔非常干脆地回答说不行，立即返航，巴伯这才返航。

　　随着争论的深入，美国军方再也无法无视巴伯的战绩，只好将击落山本

五十六的功劳一分为二，认定为兰菲尔和巴伯共同击落。

1975年，日本东京航空博物馆派出专家到布干维尔岛对山本五十六座机残骸进行了实地考察，发现山本五十六座机的两个机翼都完好无损，这与兰菲尔的报告完全不符，倒是与巴伯从后攻击的说法比较吻合。

而且山本五十六的尸体检验也证明他是被从后方射来的枪弹击中，也与兰菲尔从右攻击的说法出入较大。

为山本五十六护航的"零"式战斗机飞行员中唯一在世的柳谷谦治也指出了兰菲尔报告的诸多疑点，美国专程邀请柳谷谦治赴美，陈述亲眼目睹的战斗经过。

柳谷谦治批驳兰菲尔报告的最大根据是当时双方机群遭遇之后，在低空的两架P-38战斗机一架向左，迎战"零"式，这是兰菲尔的飞机；另一架则向右紧追山本五十六座机猛烈开火，这是巴伯的飞机。

山本五十六的座机从遭到攻击到被击落，不过区区30秒，如果是兰菲尔击落了"零"式之后再掉头攻击山本五十六座机的话，至少需要40秒，所以他根本不可能攻击山本五十六座机。

1991年，美国战绩评审委员会正式要求美国海军最后判定，到底是谁击落了山本五十六，但直至今天美国官方仍没有明确答复。

而众多的民间人士和组织，对此进行了细致的研究和不懈的努力，特别是美国"王牌飞行员协会"查阅了大量相关资料，同时结合山本五十六的尸检、柳谷谦治的证词和山本五十六座机残骸的实际情况，于1997年3月认定，巴伯一人击落了山本五十六座机，这一论点也得到很多专家学者的认可。

争论归争论，但山本五十六的确是被第三三九战斗机中队击毙了。针对谁是击毙山本五十六的英雄这一点，现在已经成为老人的巴伯说的话最能让人感到欣慰："第三三九战斗机中队中队长约翰·米歇尔，具体策划并亲自指挥此次战斗，他才是最大的功臣。而没有兰菲尔左转攻击前来救援的'零'式，也不可能击落山本五十六。"

正义密码

第二次世界大战盟国秘事

谁最先攻占柏林

　　1945年3月，当英国陆军元帅蒙哥马利率领的第二十一集团军稳步向德国境内纵深推进全力攻打柏林的时候，突然收到盟军最高司令官艾森豪威尔的来电，命令其立即改变主攻方向，占领柏林的任务交给苏联人去完成。蒙哥马利接到这份电报非常吃惊：艾森豪威尔为何要作出这个决定，攻占柏林的任务为什么非要让苏联人去完成呢？

盟军司令
突然改变作战路线

1945年3月，蒙哥马利率领的第二十一集团军在盟军的配合下顺利完成了诺曼底登陆计划，大军势如破竹，一举收复法国，直逼纳粹德国疆土。

就在大军稳步向德国境内纵深推进的时候，蒙哥马利将军突然收到艾森豪威尔的来电。来电称：

盟军的作战计划已经变动，现在要立即改变盟军的主攻方向，由原来主攻柏林改为攻击东南方向的慕尼黑和莱比锡，并且主攻任务由原来的蒙哥马利的第二十一集团军承担改为布莱德雷的第十二集团军承担。

蒙哥马利的第二十一集团军改为向东北，占领位于汉堡正北的波罗的海巨港卢贝克湾，以切断德国军队逃往丹麦和挪威的退路。占领柏林的任务交给苏联人去完成。

此时，正踌躇满志准备全力攻打柏林的蒙哥马利被这份电报内容惊得目瞪口呆。他不禁怒火中烧，故意将这份让其部队做配角的电文向部下做了宣传。

顿时，在英军中掀起一股指责美国的狂潮。参谋部的指挥军官们没有征求首相丘吉尔的意见就给华盛顿的美军联合指挥部发去了一份长长的电报，指责美国人擅自决定改变进攻方向是一个严重的错误，并对由苏联人独自攻占柏林表示无法理解……

美国陆军参谋长五星上将马歇尔面对这份措辞激烈的电文，焦急万分，

他也感到艾森豪威尔做事有些冲动，于是以私人的名义给艾森豪威尔发去电报，对英国军官的指责要求其做出解释。

面对激烈的反对者，艾森豪威尔也有些犹豫了……

在兰斯郊外的一个别墅里，艾森豪威尔凝视着一张大比例的作战地图出神。自从诺曼底登陆以来，盟军制订了直捣柏林的作战计划，目前他的部队距离柏林有480千米的路程，并且还要越过雄伟的哈尔茨山脉和波涛滚滚的易北河。

然而，此时的苏联红军在朱可夫的带领下，先头部队已经在离德国总理府仅60千米的奥德河上建立起桥头堡。想抢在苏联红军的前头进入柏林，恐怕已经没有半点可能。

柏林本身实际上已经成了一座无足轻重的城市，德国的重兵团都已经转移到了南部，如果主攻方向仍然指向柏林不仅没有丝毫的意义，而且会使美军部队受牵制而动弹不得，因此，现在有改变原来作战计划的必要了。

艾森豪威尔把参谋长史密斯找来，将自己的想法和盘托出。史密斯初闻也甚感突然，但仔细想想又认为艾森豪威尔的设想有一定的道理，美军放弃柏林将有利于美军在德国的南部大展宏图。

史密斯已经料到这样的计划给英国的蒙哥马利带来的误

第二十一集团军司令蒙哥马利将军

117

解和怒火，他对艾森豪威尔说："我担心英国人会反对这个计划。"

　　艾森豪威尔道："自诺曼底登陆以来，我一直迁就他们，把英国人放在主攻的位置上，美军长期担任配角，现在也该换换位置了。"

　　史密斯不无担心地说："如果蒙哥马利不接受这个计划怎么办？"

　　艾森豪威尔提高了嗓门道："别忘了，我是最高统帅。"

空军飞机

最高统帅
主动放弃最高荣誉

史密斯无奈，只好按艾森豪威尔的指示，草拟了给蒙哥马利的电文。艾森豪威尔接过电文审查了一遍后，点头表示同意发出。

同时跟史密斯商量，觉得既然苏联先于美军进入柏林，何不做个顺水人情，主动给苏联方面发个电报，告诉斯大林，美军主动把柏林让给苏联。史密斯表示同意，于是又草拟了给斯大林的电报。

英国首相丘吉尔在见到蒙哥马利发来的电报后，也觉得艾森豪威尔干了一件大蠢事，在战争初期，他也曾像罗斯福一样迫不及待地想要一下子就打垮希特勒，因而，他常常放弃一些政治上的考虑。但是，自从雅尔塔会晤后，他越来越坚信以苏联为首的东方将是西方世界面临的问题。随着胜利的临近，政治问题也就显现出极大的重要意义。因此，丘吉尔认为柏林不仅不能放弃，而且应该作为英美联军的首要目标。

于是，丘吉尔给艾森豪威尔发去了阐明自己观点的电报，并对艾森豪威尔此时此刻忽视柏林的政治问题表示质疑。

他在电文中说：“我不明白不越过易北河有什么好处。如果敌人的抵抗就像现实一样削弱下去的话，那么我们为什么不跨过易北河，尽可能地向东挺进？当我们把柏林主动让给南部的俄国人，但俄国人一旦进入柏林，就将产生极其严重的政治后果，因为这一切都将使他们产生‘天下是俄国人打下来的’意识。

“另外，我并不认为柏林现在已经失去了它的军事意义，更不认为它失去了其政治意义。柏林的陷落将对整个德国在心理上产生巨大的震动，一旦

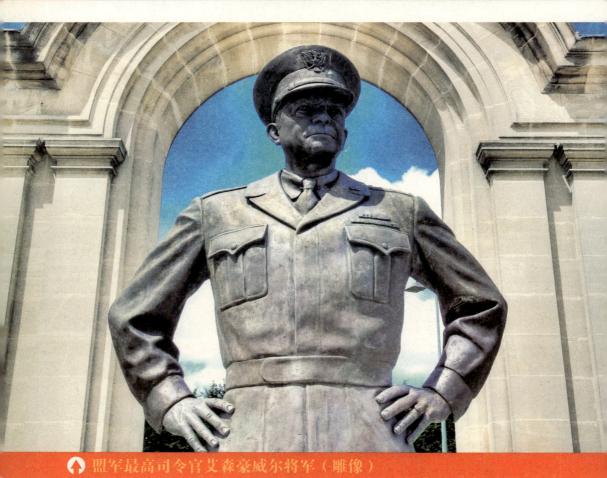

🔺 盟军最高司令官艾森豪威尔将军（雕像）

柏林陷落，大多数的德国人就会自动地放弃抵抗。

　　"所以，我更倾向于第二十一集团军向易北河挺进，攻占柏林。这同您准备攻打鲁尔以南的攻势并不矛盾，只是把部队的任务向北移动一些罢了。这样也可以使英国军队免于陷入意外的狭窄地带……"

　　不久，丘吉尔收到了艾森豪威尔的回电，他重复了自己对于放弃柏林决定的论据，并说让苏联人去攻打柏林会减少数万人的伤亡。针对丘吉尔说到的使英国军队陷入狭窄地带的说法，艾森豪威尔表示了反对。

　　他在回电中说："您推测的'使英国军队陷入意外的狭窄地带'与我的

想法是风马牛不相及的，我认为我这两年来所做的工作，应该使您消除这种想法才对。

"此外，我也没有觉得我的调动就会削弱英国军队的作用和威望……"

丘吉尔不明白，美国人的政治眼光怎么会这么短浅，只看到眼前的军事利益，而没有看到将来包括军事利益在内的政治利益。丘吉尔见说服不了艾森豪威尔，就专门给美国总统罗斯福写了一封长信，表达了自己的想法。

然而，美国的态度是不会有什么转变了。无奈之下，丘吉尔为了不破坏"兄弟友情"，给艾森豪威尔发去了通情达理的友好电报，希望盟国军队能在尽可能靠东的地方与俄国人会师，这样是有着超乎一切的重要性的。

就在艾森豪威尔和丘吉尔相互通过电报说服对方的时候，苏联统帅斯大林也接到了美国人让其攻打柏林的电报。斯大林只是淡淡地一笑，不动声色地说："艾森豪威尔的计划似乎不错。"

第二天，斯大林的回电传到了艾森豪威尔的办公桌上："阁下的使贵军与苏军会师从而把德军一分为二的计划甚好，与苏联最高统帅部的想法完全一致。我完全同意贵军同苏军在埃尔伏特、莱比锡和德雷斯顿会师。苏联最高统帅部认为苏联军队的主攻点也应该在这个方向。

"柏林已经失去了往日的战略重要性，因此苏联最高统帅部准备派次要的部队攻打柏林……"就这样，苏联红军于1945年5月2日独自完成了对纳粹德国首都柏林的攻占，

英国首相丘吉尔在看到斯大林给艾森豪威尔的电报后，知道生米已经煮成了熟饭，无法更改，不禁痛心疾首。

121

正义密码

第二次世界大战盟国秘事

百枚导弹偷运记

　　1945年5月11日，美国情报部门在德国克恩斯泰因山发现了100枚"V-2"导弹，这是当时最新式的武器。这一地区属于苏联占领区，根据三巨头会议规定，任何一个盟国都不能从其占领区内带走任何德国的武器或者科学成果，但是美国人决定将这百枚导弹偷运回美国。他们在短短的10天时间内就将运载"V-2"导弹部件的火车驶出了克恩斯泰因山。

情报人员发现
百枚V-2导弹

1945年5月11日清晨，东方刚刚破晓，美国情报部门的威廉中校的无线电发报机收到另一个情报人员发来的紧急召唤："快来！真不敢令人相信！一条大干线的铁轨直接通向了一座山里。许多火车装满了'东西'。"

威廉中校立即跳上他的吉普车向这个"令人不敢相信"的地方急速驶去。

20分钟后，威廉中校来到了一座高耸的山峰脚下，他得知这座山叫克恩斯泰因。在另外两名第三装甲师军官的陪同下，威廉小心翼翼地走入隧道的入口。

这几个美国人对他们的发现感到吃惊：这里是一座庞大的地下工厂，包括两条平行的隧道，每条长达2000米，还有一个有着46条水平巷道的迷宫，每条巷道长有250米，宽14米，高30米。他们蹑手蹑脚地穿过隧道，发现了大量的已经组装完成了的巨大的武器——"V-2"导弹，他们清点了一下，足足有100枚。

原来，这个庞大的工厂属于米特尔维尔克，一家大量生产"V-2"导弹的公司，这个工厂实在是称得上"钢筋铁骨"，它在盟军的轰炸下竟安然无恙。

"V-2"导弹在当时来说可谓"巨大"，它的长度有14米，每枚重达13吨。

希特勒曾经相信，只要他在前一年的9月开始将这些秘密武器像雨点般地射向伦敦，英国就会臣服。此时的这些部分已经装配完成的"V-2"导弹却成了盟军的战利品。

也许德国人也曾想在美军接近他们时将这些导弹运到发射场去，但是什

么原因导致没有发射却令人感到疑惑。

威廉中校等几个人从地下工厂出来后，立刻将在这里的惊人发现通过上司安得鲁上校用无线电波发给了上级指挥部。

在巴黎的军需技术情报间谍首脑扦夫托伊上校接到这个惊喜的发现后也是高兴得很，因为就在前几天，他收到了一份美军驻欧洲空军副司令克奈尔少将写给他的绝密备忘录副本。内容主要是说美军占领德国后才发现，美国的科学和工业同德国相比还是很落后的，"假如我们不利用这个机会来获取设备或技术，并且迅速让他们为我们工作，我们将依然落后25年……在苏联到来之前夺取任何可以得到的'V-2'导弹，以便使这些导弹能运往于新墨西哥州的白

V-2导弹发射时的情景

导弹发射时的情景

沙试验场，用于科研开发。"

托夫托伊上校是个善于行动的实干家，得到信息后，他迅速组织了一个叫做"V-2"特别任务秘密小组，它的使命就是火速赶往克恩斯泰因山，"解放"在那里的100枚导弹，然后把它们运往比利时的安特卫普港。

他知道，自己负责的是一项特别微妙的任务，因为在年初的时候，美英苏三国的领导已经达成了协议，将被攻克的德国划分为若干部分。克恩斯泰因山属于苏联占领区，所以，美国第一集团军将不得不很快从这里撤出，并把这一地区让给斯大林。

同时，在三巨头会议上，已经达成协议任何一个盟国都不能从其占领区内带走任何德国的武器或者科学成果。因此，"V-2"特别任务不仅面临巨大的后勤保障问题，同时还不得不在苏联人的眼皮子底下偷偷地进行，因为这实际上是从属于苏联人的区域内"偷东西"。

领导"V-2"特别任务小组的是来自福德姆大学的物理系毕业生詹姆斯·哈米尔少校。他的助手有两

个，一个是军械官，毕业于斯坦福大学的威廉·布罗姆利少校；另一个是电子工程师路易斯·伍德拉夫少校。

在哈米尔少校动身离开巴黎的时候，托夫托伊赶来为他们送行。他说："我要提醒你，官方的高层协议规定不能从苏联占领区搬走任何东西。非官方地，我要告诉你，将这100枚该死的导弹带出克恩斯泰因山，你们在搬走它们时不能让外人知道，明白吗？"

哈米尔少校和他的下属离开了巴黎，前往德国，在克恩斯泰因山以北的富尔达建立了一个协调基地。哈米尔开始执行这场战争中最奇特的秘密行动。尽管那个时候他并不真正了解这个行动的重大意义。

5月7日，就在"V-2"特别任务小组到达富尔达几天后，德军要员的代表到达了盟军最高司令艾森豪威尔位于法国兰斯的统帅部。一个小时之内，德国便签署了无条件投降书。

这样一个历史性的事件使得抢夺这100枚导弹的行动变得更加紧迫。因为美国人知道，西方国家和苏联对战后统治地位的激烈争夺已经开始了。所以，对托夫托伊来说，如果这100枚导弹落入苏联人的手中，那将是一个难以想象的结果。

无论怎样，也要赶在苏联人到来之前运走这些导弹。当哈米尔少校和他的助手们侦察地下工厂时，发现他们要赶在苏联人到来前"撤走"导弹的工作量是非常大的。虽然美军从苏占区撤离的时间没有宣布，但是哈米尔认为不会太远，大概是在5月末、6月初，很可能就是6月1日。这样，留给他的时间就已经十分有限。

一个主要的障碍是还有许多导弹没有装配好，特别任务小组不得不把在工厂中发现的所有零件全部运送出去，待日后在美国组装。但是，没有那些尚未被美国情报官员发现的零件清单和其他"V-2"导弹的技术文件，将"V-2"重新组装起来将是一件不可能的事情。

在诺德豪森附近的一个小镇中，一个重要的铁路装卸点在盟军的轰炸中得以幸免，但是，必须调集几百辆卡车来运走几百吨重的导弹部件，并送到

127

铁路的装卸点。

更令哈米尔沮丧的是，从诺德豪森到比利时的港口大部分主干铁路桥和相当大的一部分铁轨都已经被破坏得扭曲变形，估计要用340多节火车车厢才能将这些部件运送到安特卫普，然后还得需要16艘大型货船将这些东西运过大西洋。

尽管特别任务小组的行动进行得十分隐蔽，但身着便装的苏联情报人员还是自地下工厂里走进走出。

于是，行动小组便部署了一个步兵营的士兵来负责安全保卫工作。没有小组领导的口令，任何人都不能进入工厂。那些美国士兵被告知在隧道里有"重要的技术项目"。

电子专家伍德拉夫根据他对美国所收集的情报文件的集中研究，分离出大部分不要的导弹部件。

然而，引导"V-2"导弹的控制系统却在这一地区的其他地方生产，没有这些部件，就不可能在美国把导弹重新组装起来。

面对如此多的导弹零件和尚未完成组装的导弹，把它们装上火车是哈米尔要解决的最重要的问题，而这项工作需要大约200名具有机械知识的人。这时，第一四四摩托车装配连从距离诺德豪森750千米的法国火速赶来，当这些装配手到来之后，这一问题就迎刃而解了。

然而，地下工厂并不是像和平时期那样的井然有序，这里遭到了很大的破坏，这些破坏包括盟军的轰炸和德国人自己的破坏，几十吨的泥土、岩石还有瓦砾堵住了铁轨进山的隧道，哈米尔他们雇了将近200名劳工才将这些垃圾运走。

美国军方
秘密偷运先进武器

在哈米尔的努力下，地下工厂中的一切都进行得很顺利。5月19日，哈米尔计算如果这样干在6月1日前一定能将这100枚导弹运出去。

就在这时，哈米尔和布罗姆利接到了一个令人吃惊的消息，这天的夜里，从诺德豪森通向西占区的仅存的一座桥梁被炸毁了，这将直接影响美国陆军运输团即将开始的火车运输工作，美军运输团正准备将这个地区的几百列尚能使用的火车运送出去。

哈米尔知道，对于"V-2"特别行动小组来说，如果不能尽快完成这项工作的话，那么导弹和配件都将由苏联人来接管了。

怎么办？哈米尔真是急了，但他不打算放弃，他利用情报部门的有利条件，伪造了一张据称是艾森豪威尔将军签署的授权他收集和运送德国设备的证件，跑到美军第一一八六战斗工程连，说服他们尽快修复了被炸毁的桥梁。为了开动火车，哈米尔和布罗姆利还招募了德国前铁路员工，德国工人们很是高兴，在混乱的战争年代能找到一份有报酬的工作是很难得的。

5月25日凌晨，第一辆满载"V-2"导弹部件的火车缓缓驶出诺德豪森。它开往德国的埃尔富特，在那里，美国铁道部的人将接管火车，并将它开往安特卫普，这一天离苏联红军接管该地区只剩下5天时间。

在随后的4天时间里，另外有9列火车驶出了诺德豪森，平均每列火车有34节车厢，所有的341节车厢共运走了约1300吨重的"V-2"导弹及其部件。

尽管"解放"100枚导弹获得了巨大成功，但是，对于托夫托伊上校和"V-2"特别行动小组来说，只有这些"货物"还是不够的，因为缺少设计图

纸和重要数据，这些东西在白沙试验场上也只能是一堆废品。没有关键的设计数据，重新组装"V-2"导弹的部件和试射导弹都将是不可能的。

哈米尔和另外两名助手一边将这些零部件安全从山中运出，一边搜寻文件的下落。根据一些线索，他们找到了住在诺德豪森的前电子机械厂总经理卡尔先生。这名德国人同意和美国军队合作，但是他对自己是这一地区唯一知道"V-2"导弹数据藏匿地点的人这样一个事实却保持缄默。

原来，就在几个星期前一个暴风雨的晚上，两名火箭专家——特斯曼和胡泽尔，在一个班的德国党卫军陪同下，驱车前往德国小镇德恩特郊外的一个废弃的矿场，厚重的帆布罩在几辆破旧的卡车后厢上，在帆布下面，正是与研究和开发"V-2"导弹有关的珍贵文件，它们重达14吨。

德国士兵们把这些资料从卡车上卸下来，一箱箱的文件资料被他们藏在漆黑的矿道里。接着，德国人在矿道的入口处放上炸药，点燃了导火索，便匆匆离去。随着巨大的爆炸声，入口被彻底封死了。

几天后，盟军的部队逼近这里，德国军队和科学家也都要撤离这里了。胡泽尔和特斯曼在飞往德国南部的巴伐利亚前，在与卡尔相聚时向其透露了这个秘密。这时，特别任务小组继续盘问卡尔，卡尔已经帮助他们找到了很多火箭设备，但是卡尔对那些资料的埋藏地点仍然保持沉默。

根据情报部门的经验，哈米尔他们认为卡尔一定还知道这一重要的秘密，也许就是资料的藏匿地点。

于是他们准备用计谋来诱使卡尔透露资料藏匿的地点。年轻的少尉斯塔维尔从口袋里掏出一个笔记本，开始给卡尔读一些听上去似乎是美国间谍人员的报告，但实际上都是少校编出来的：

"我们的情报官员已经同维尔那·冯·布朗先生以及其他逃往巴伐利亚的科学家们谈过了，这里还包括一些已经被抓获的科学家们。他们都曾经告诉我们，许多资料的草稿及其他一些重要的文件被埋在了克恩斯泰因山附近的地下某处。"

卡尔这时像黑夜中的被灯光照到的动物一样，畏缩在那里，显得十分的

紧张。虽然卡尔仍然保持着沉默，但斯塔维尔少校已经确信，卡尔一定知道文件的藏匿地点。通过各种心理战的较量，24小时后，卡尔重新被斯塔维尔少校请进办公室，这时，卡尔看上去已经形容憔悴、疲惫不堪，他承认自己由于害怕成为德国的叛徒而不肯说出"V-2"导弹文件资料的藏匿地点。

特别任务小组迅速赶往离克恩斯泰因山大约30千米的旧矿场，他们召集了一支由愿意被雇佣的德国人组成的工作队，夜以继日地轮班工作，挖掘被封死的矿道入口。他们还派出了一个步兵排，命令他们有权枪毙任何企图携带这些资料逃跑的人。

6天后，几百个装有"V-2"导弹资料的箱子被抬上了两辆大型的拖挂货运车，它们被运往安特卫普后，再装船运往美国。

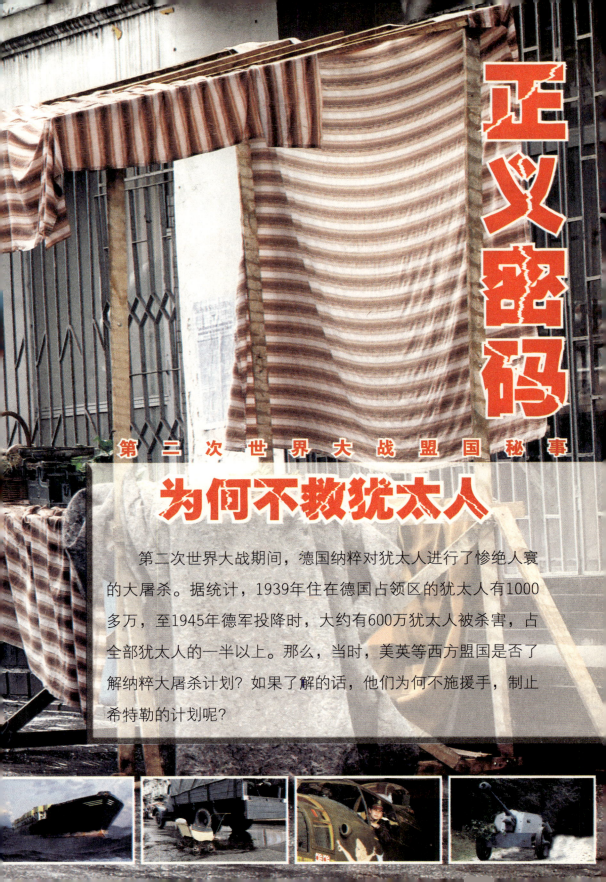

正义密码

第 二 次 世 界 大 战 盟 国 秘 事

为何不救犹太人

第二次世界大战期间，德国纳粹对犹太人进行了惨绝人寰的大屠杀。据统计，1939年住在德国占领区的犹太人有1000多万，至1945年德军投降时，大约有600万犹太人被杀害，占全部犹太人的一半以上。那么，当时，美英等西方盟国是否了解纳粹大屠杀计划？如果了解的话，他们为何不施援手，制止希特勒的计划呢？

德国纳粹
残酷杀害犹太平民

众所周知，第二次世界大战期间，德国纳粹对犹太人进行了惨绝人寰的大屠杀。据统计，1939年住在德国占领区的犹太人的有1000多万，至1945年德军投降时，大约有600万犹太人被杀害，占全部犹太人的一半以上。

第二次世界大战结束后，全世界的历史学家一直在争论两个焦点问题，那就是美英等西方盟国是否了解纳粹大屠杀计划？如果了解的话，美英等国为何无动于衷？对此，部分学者和美英官方一贯的立场是：美英等盟国在第二次世界大战结束前对纳粹德国大屠杀计划一无所知，所以也就谈不上采取任何的措施；而反对派学者则认为，美英等西方盟国早就知道纳粹德国的大屠杀计划，只是出于某种可怕的考虑才一直缄默不语，任由成千上万的犹太人被纳粹德国赶往死亡集中营，赶入毒气室。

然而，2000年6月26日，华盛顿美国国家档案馆当天宣布解密40万页美国战略勤务办公室和美英战时情报机构提供的绝密情报档案。最让历史学家和普通民众感到震惊的是，当年美英盟国通过破译纳粹安全机关的绝密情报，不但知道纳粹大屠杀计划，而且对计划的细节也了如指掌。

华盛顿和伦敦最高层从一开始就知道纳粹德国的大屠杀计划。

1943年夏天，英国伦敦郊区布雷特切里庄园，著名的"埃格玛密码破译小组"的密码专家们连续破译了驻罗马纳粹安全总部发给柏林总部的绝密电报，破译出来的内容让英国的密码专家们倒吸了一口凉气。

在战争初期，由于意大利的墨索里尼在犹太人的处置问题上并不完全服从纳粹德国元首阿道夫·希特勒的训示，所以意大利境内的犹太人免遭被驱

逐的命运。

1943年7月，墨索里尼被推翻后，德军已经占领了意大利北部地区，所以根据"第三帝国"最高元首希特勒的训令，入侵意大利的德国党卫军必须在"最短的时间"内把在意大利的犹太人通通关押起来，送往设在南欧和东欧的集中营，然后予以"肉体上的消灭"。

截获的绝密电报清楚说明了纳粹德国准备屠杀意大利犹太人的步骤和方案：10月6日，驻罗马的德国官员接到希特勒亲自签发的密令，要求他们把生活在罗马的8000名犹太人通通逮起来，这一任务务必在接到命令后10天内完成。10月11日，一份从柏林发往罗马的电报发出了训令："基于意大利总体安全的利益，必须立即彻底消灭意大利境内的犹太人。延误的时间越长，就会有越多的犹太人逃往或者躲到亲犹太人的意大利人家里。"10月16日，一

屠杀犹太人的集中营 ⬇

份从罗马发回柏林的电文清楚说明："针对犹太人的行动已经开始，并于今天结束，一共捕获了1200名犹太人。"10月20日，纳粹德国驻意大利盖世太保总部密电柏林总部：逮捕犹太人的任务已经完成，所有这些犹太人已经被押离罗马，送往奥斯维辛集中营，这些犹太人几乎没人活着走出集中营。战后的文件显示，整个罗马只有数百名意大利犹太人幸免于难！

尽管驻罗马的部分德国官员对此持保留意见，但纳粹德国确实正在进行一场有组织、有计划的种族灭绝大屠杀！这实际关系到数百万欧洲犹太人的生死存亡问题。"埃格玛小组"截获破译的这些纳粹绝密电报被专人火速送交英国的最高层。此时，只有包括首相丘吉尔在内的极少数英国政府官员有权审阅"埃格玛小组"提供的绝密情报。这些绝密电报同时也呈交给美国政府最高决策者的手里。

历史学家们现在仍弄不清英国首相丘吉尔和美国总统罗斯福是否亲眼看到了这一令人震惊的绝密情报，但美国和英国政府的最高层肯定是知道这条绝密情报的。几乎与此同时，另一个重要途径获得的可靠情报再次证实了纳粹德国准备屠杀所有意大利犹太人的计划，提供这些情报的是潜伏在纳粹德国各要害部门内的盟国间谍，其中最重要的间谍之一便是潜伏在纳粹德国外交部内的弗里兹·科尔贝。

这位纳粹德国外交官经常利用前往中立国瑞士的机会与美国战略勤务办的特工杜勒斯秘密会面。

新解密的绝密文件说明，科尔贝当时就向杜勒斯提供过关于纳粹德国将在1943年年底消灭意大利犹太人的惊人情报，实际上，美英两国政府早在1943年年初就知道奥斯维辛等死亡集中营的真相，但两国政府却选择了沉默，令人费解。

既然美英当局事先已经知道纳粹对犹太人的大屠杀，可为什么却保持了沉默呢？从解密的档案资料来看主要有这么两个因素：一是美英当局用沉默换取纳粹的技术与合作来发展自己；二是要维护形象，怕承担道义上的责任。在战争结束后不久，学者就开始就英国首相丘吉尔和美国总统罗斯福是否知道纳

粹德国种族大屠杀计划和死亡集中营真相一事进行了激烈的争论。多数的学者出于对第二次世界大战盟国领导人的尊敬和爱戴，根本不敢相信或者不愿意相信美英首脑早就了解纳粹种族大屠杀真相，但却袖手旁观的事实。

正如英国著名历史学家马丁·吉尔伯特1981年出版的《奥斯维辛与盟国》一书中说，盟国的领导人是到1944年夏天才多少知道点奥斯维辛死亡集中营和纳粹种族大屠杀一事的。然而，新解密的档案和绝密资料把这些学者善意的推测击得粉碎。许多美国历史学家和官员对美英两国政府把如此重要的历史真相掩盖这么多年深感愤怒和不解。

美国前国会议员、美国战争犯罪解密法草案起草人之一的伊丽莎白·霍兹曼质疑说："这些真相的披露必将产生令人难以接受的道义疑问：这是否意味着盟国在战争结束后就开始保护起纳粹战犯来呢？这个问题是美英两国政府不敢正视的问题。"

最具典型的例子之一就是许多第二次世界大战大屠杀中遇难者的亲属，对第二次世界大战结束后盟国法官没有把纳粹冲锋队将军科尔·沃尔夫送上绞刑架深感不解。众所周知，沃尔夫领导的纳粹德国冲锋队把意大利境内成千上万的犹太平民赶进了死亡集中营；沃尔夫正是所有意大利犹太人大屠杀遇害者的刽子手。

第二次世界大战结束之后，沃尔夫一直被拘押在盟国拘留营里，1949年获释并回到慕尼黑过上了逍遥的生活。直至1962年才因被人指控与特雷布林卡死亡集中营30万犹太人之死有关而被逮捕。沃尔夫随后在西德接受了审判，最终被判处15年的监禁，但仍没有得到应有的惩罚，而其中原因令世人一直不解。

两大国首脑
因何不出手救援

　　这次解密的档案终于给出了答案。沃尔夫之所以逃脱了法律的制裁，主要有两个方面的原因：一是他与艾森豪威尔执政时任中央情报局局长的杜勒斯有"特殊的关系"，这种特殊的关系是杜勒斯在瑞士任战略勤务办公室特工时与沃尔夫建立起来的；其次是沃尔夫在第二次世界大战结束前夕安排入侵意大利的德军投降，多少算是"有功之人"。

　　针对这样一个关乎罗斯福和丘吉尔两位总统评价的问题，更多的历史学家现在一致认为，有关"盟国国家领导人对种族大屠杀一事一无所知"的历史应该重写；另一些激进的史学家甚至建议说，丘吉尔和罗斯福应该对在大屠杀中遇难的欧洲犹太人负有道义上的责任。

　　美国弗吉尼亚大学情报专家蒂莫斯是美国国家档案馆指定的专门评价新解密的档案资料的两名专家之一。

　　他坦率地说："实际上，当时罗斯福或者丘吉尔哪怕发表一个公开声明就能挽救成千上万意大利犹太人的生命，最起码引起意大利犹太人的警觉，使他们有机会逃脱纳粹的种族大屠杀。然而，两位著名的领导人却选择了沉默，他们这样做的目的是为了不损害英美两国的密码破译行动。"

　　此外，解密的资料还显示，英国首相丘吉尔的确是有想发表声明的念头的。当时他曾和外交大臣艾登商量说，是不是应该发表一个谴责纳粹种族大屠杀暴行的声明。

　　艾登却坚决反对丘吉尔发表类似的声明，认为这样做不但无助于盟国阻止纳粹的种族屠杀，也不利于盟国赢得这场战争，于是丘吉尔再度选择了沉默。

第二次
世界大战
盟国秘事

罗斯福和丘吉尔（雕塑）

　　美英两国政府迟迟不公布这些绝密档案资料的做法，遭到部分历史学家的猛烈抨击。

　　众所周知，美英两国政府向来都是以"威胁国家安全"为借口，对第二次世界大战期间美英两国国防部、美国战略勤务办公室、国务院、联邦调查局和其他情报安全机构搜集到的情报资料守口如瓶。而实际上，这些学者怀疑美英政府这么做的动机一半是出于维护两国战争领导人的形象的考虑，另一半则是两国政府不想由此承担道义上的责任。

正义密码

第二次世界大战盟国秘事

无敌铁甲创奇迹

1939年9月，德国闪击波兰，此后的3年间，德国竟占领了90％的欧洲土地。这一成果的得来，第三帝国的装甲部队功不可没。1939年9月，作为闪击波兰的尖刀，第十九装甲军仅用10多天就占领波兰全境。次年，又攻下了卢森堡、比利时、法国要塞色当等。从凡尔赛和约到二战初期，德国装甲兵从无到有，发展成为陆战之王，不能不说是一个军事奇迹。

无名上尉
研究装甲兵作战理论

　　1919年6月28日，作为第一次世界大战战败国的德国在《凡尔赛和约》上签字，条约规定德国不仅需要割地赔款，更重要的是限制了军队和军备的发展，尤其是规定了德国不得拥有坦克、重炮等攻击性武器。

　　对德国的种种限制和掠夺，引起了德国的仇恨，播下了复仇的种子。时隔20年之后，1939年9月，蓄谋已久的德国集重兵闪击波兰，挑起了第二次世界大战。仅仅一个月后，即10月5日，拥有3400万人口，面积为30.9万平方千米的波兰便被彻底击败了。

　　此后到1941年突然对苏宣战，苏联西部大片领土失守为止的短短3年间，闪电般的德国部队，占领了90％的欧洲。而相对于德国整个战局的飞速发展，第三帝国的装甲部队，更是创造了当时的军事奇迹。1938年3月，德国的第十六军的两个装甲师在48小时行进600千米，到达并攻占了维也纳。

　　1939年9月1日，作为闪击波兰的尖刀，第十九装甲军以装甲师为先导，向波兰境内猛插猛打，仅用10多天就占领波兰全境。

　　1940年5月，以装甲兵为先锋发起了对法、比、卢等国的西线战役。13日到15日，德国的装甲部队即攻下了卢森堡、比利时、法国要塞色当，打通了通向英吉利海峡沿岸的道路。

　　6月初，装甲兵为主力又一次发起了旨在歼灭法国南部约70个法国陆军师的战役。装甲部队只用了8天时间就打到了法国和瑞士的边境，平均每昼夜推进速度约70千米。

　　从《凡尔赛和约》到第二次世界大战初期的短短20年时间，德国的装甲

兵从无到有，并迅速发展成为当时欧洲的陆战之王，不能不说是一个军事奇迹，而这个奇迹的缔造者，就是后来被誉为"闪击英雄"和"装甲兵之父"的德国陆军上将海因茨·威勒姆·古德里安。

正是古德里安对德国装甲兵建设和训练上的贡献及他在战术上的"闪电战理论"成就了这段神话。古德里安1888年6月17日生于但泽南部魏克塞尔河附近的卡尔姆。1901年至1907年，就读于军事学校和柏林陆军军官学校。毕业后，作为一名准尉加入了他父亲指挥的部队。

1913年，他与一位医生的女儿玛格丽特小姐结婚，他们有两个儿子，第二次世界大战期间都跟随装甲部队作战，他的长子后来也成了一名将军。

在第一次世界大战爆发前，古德里安因表现突出被派往柏林的军事学院进行参谋培训。

1914年，第一次世界大战爆发，古德里安奔赴西线战场参战。1914年11月被提升为中尉，一年后即升为上尉。战争期间，他虽然没有指挥任何战斗单位，却亲身经历了西线各个主战场——从马恩河大溃败到凡尔登。

古德里安此时是一名无名上尉，职位频繁转换，但在大战结束前有幸在德国陆军参谋本部任职3个月，在此他大开眼界。

战后，他留在了被裁减到仅10万人的德国国防军，德军中只有最优秀的人员得以留下。当时在德军第五骑兵师任职的古德里安上尉就开始思考古老的骑兵部队未

坦克部队

来发展的问题。

因为大战结束后，复兴中的德国面临着如何迅速恢复强大战斗力的问题，这与古德里安对于新的机动兵力的探索不谋而合，正如他本人所言："我在两次世界大战期间，主要的活动就是与德国装甲兵建立密切的关系。虽然我是轻骑兵出身，而且也无任何的技术训练，但是命中注定我一定要和'机械化'发生密切的关系。"

从此，古德里安就开始研究装甲兵作战理论并着手为德国建立一支欧洲最强的装甲兵。1921年1月，古德里安幸运地被选调到德国国防部运输兵总监部担任参谋。他开始研究装甲车辆问题，并将注意力集中于在第一次世界大战中初露头角的坦克这一兼具机动力、攻击力和防护力于一身的新式武器。当时在装甲兵理论方面处于世界领先地位的是英国，古德里安非常崇拜英国军事理论家利德尔·哈特，因为哈特是世界上第一个注意到坦克集中使用的人，有人由此称古德里安是利德尔·哈特的未曾谋面的学生。

当时，哈特和富勒等装甲兵理论的先驱们已不满足于将装甲车辆仅仅视为步兵的一种支援武器，而是试图凭借装甲车辆的大规模使用而发展出一种全新可行的战术理论；但遗憾的是，他们的先进军事思想在当时并不为保守的英国军界所接纳。

尽管德国军队也存在这种守旧势力的顽固阻挠，但古德里安却远比他的英国老师更加幸运，因为此时德国有一个野心勃勃的阿道夫·希特勒在力主扩军备战，他认为战争中重要的不是军队的数量，而是军队的速度和与飞机合作的技巧。希特勒构想编组装甲兵团，使之进入一种全新的境界以具有攻无不克的功效。1927年10月，古德里安被提升为少校，这段时间，他全副精力都在搜寻有关机械化战争的资料。

他以良好的法语和英语能力翻译了利德尔·哈特、富勒等人的有关著作，然后便尝试着在卡车上架起了木头做的炮塔和主炮，试图模拟真实的坦克以进行军事演习，因为直至此时，他还从未亲眼见过一辆坦克。《凡尔赛和约》不允许德国拥有坦克这样的重型武器装备，所以他只能进行理论研究。

这一时期是古德里安的装甲兵作战理论形成的初期。他后来在回忆录中说："我在1929年逐渐相信，无论是单独使用坦克还是坦克与步兵协同作战，都不可能达到具有决定性的价值。在各兵种的组织下，坦克应居于主要地位，其他兵器都应配合装甲兵的需要而居于辅助的地位。把坦克配属在步兵师里是绝对错误的。事实上，我们所需要的是一个装甲师，其中包括一切支援部队，以使坦克得以充分发挥战斗效力。"

1930年，古德里安少校出任第三机械化营的营长。几经波折，他拼凑成一支拥有模拟坦克的装甲搜索营，充当德军第一支供试验用的"装甲兵部队"，并全力投入战术演习。他又遇上新任运输兵总监的鲁兹将军，鲁兹将军思想开明，很欣赏他对新战术的研究。

1931年10月，已在年初晋升为陆军中校的古德里安升任机械化兵总监部参谋长。这使他有可能开始为德国装甲兵部队的组织编制和武器装备进行初始的实际工作。他确信装甲兵将发展成为一个在战术上具有决定性价值的兵种，其组织应以装甲师为基本单位，进而组建成装甲军。为使德国陆军的众多将领们接受自己的新观念，古德里安中校做了大量的工作，他后来谈到自己的成果幽默地说："最终，新观念的建立者还是战胜了马匹；大炮还是战胜了长矛。"

在研究和推广自己的装甲兵理论时，古德里安还亲自参与了德国坦克的研究设计工作。他认为，装甲师应配备轻型和中型两种坦克；一个坦克营的编制应是三个轻型坦克连和一个中型坦克连。

1932年夏，德国运输兵总监鲁兹将军组织了一次包括加强步兵团和坦克营在内的混合演习，此次演习充分展示了使用装甲兵部队和机械化部队的前景。

实战运用铸就
世界大战的利剑

  1933年纳粹上台后，打破了《凡尔赛和约》的束缚并开始了重新武装德国的计划。

  希特勒在参观古德里安的"演习"时，立刻被那些飞奔在战场上玩具似的小坦克深深吸引住了，很快批准古德里安依次组建3个装甲师，由此古德里安和希特勒建立了良好的关系。之后，他被任命为第二装甲师的师长，接着晋升为少将，不到一年半就被提升为中将和第十六军军长。

  10个月后，古德里安获得了他一生中最重要的职务——德军快速部队首长，这意味着他要负责整个德国国防军机械化部队和装甲部队（牵引式突击炮除外）的征兵、训练、战术和技术方面的指导。

  担任这一职务使古德里安终于可以倾注全力运用以往艰难岁月下积累起来的才智和经验，把那些他亲手组建的一个个德国装甲师合铸成战场上最令人生畏的利剑！

  进攻法国期间，古德里安为了完成真正的闪电战杰作，不断违抗其上级"停止前进"的命令，无情地把他的装甲部队向能走到的最远距离上推进。

  这些部队酿成的风暴远超过前线指挥部的预见——他们切断了法国的通信并大批地俘虏后方的法军……由于这些人被俘时根本还没有做好战斗动员并有效地组织起来，有的连指挥官都没有。

  法国这些没头苍蝇般的部队和一塌糊涂的指挥系统使德军在西线大获全胜。

  被击溃的法军事实上拥有比德军性能更优良的坦克，当时德军只有很少量装备75mm火炮的PanzerⅣ型坦克才能和法军的CharB重型坦克单独对抗，至

于其他那些Panzer、Panzer Ⅱ、Panzer Ⅲ的性能和法军坦克相比简直不入流。但德军坦克发挥了其优点：装备了无线电指挥系统、高速机动、易于维修等。他们在战斗中被完全作为一支独立的队伍，而不是隶属于步兵单位，他们直接被军一级的首长指挥，各级指挥官都是该军首长，也是该兵种的创始人一手训练提拔起来的。他们是海因茨·威勒姆·古德里安指挥的。

古德里安的追击直至英吉利海峡，他创立的装甲部队在法国深远腹地持续猛烈地插进，一举砍断了巨人般的马其诺防线。

从那时起，隶属"古德里安装甲军"的每一辆坦克、卡车和摩托车都打上了一个"G"。

进攻俄国前夕，古德里安被晋升为上将，离陆军元帅只有一步之遥，并出任第二装甲集群的指挥官。在进攻的第一阶段，他获得了骑士十字勋章上的橡树叶，但由于古德里安和他的上级陆军元帅冯·克卢格由来已久的矛盾，他不久被解除了指挥职务。

战场上的坦克 ◆

1943年2月的斯大林格勒战役之后，古德里安被重新起用并再次出任装甲兵总监，负责推进该兵种的现代化。他很快和军备部长阿尔伯特·施佩尔博士建立了良好关系，两人精诚合作，成绩显著，使得坦克月产量大幅增加。

1944年，古德里安被推到了陆军总参谋长的位置，这个位置事实上早已是个傀儡，因为发令枪掌握在希特勒本人手里。在和希特勒发生了一次非常激烈的争吵以后，他又被免除了职务，被闲置到1945年3月。

古德里安于1945年5月向美军投降成为战俘，被押送到了纽伦堡，但没被当做战犯推上法庭。俄国人试图指控他犯有战争罪行，但其西方盟国并不同意。

1946年，古德里安被丢进阿伦多夫和黑森的监狱羁留，1948年释放。剩下的几年，他一直在巴伐利亚富森的天鹅堡写他的回忆录以及其他一些文章，直至1954年5月14日去世。

古德里安和他的装甲军创造了众多的军事奇迹，但是直至第二次世界大战结束，第三帝国的26位元帅中都没有古德里安的名字，由此也可以看出他与希特勒的关系。

古德里安会驾驶各种型号的坦克，包括瞄准和射击。作为一名指挥官，他的才能来自持久积累而来的真知和理性，他清楚地知道不同型号坦克在哪种地面上最远能开到哪里，依此再决定进攻速度……并且，古德里安在他的一生中，还著有《装甲兵及与其他兵种的协同》《注意！坦克师》《一个士兵的回忆》和《坦克——前进》等数本关于装甲兵作战的著作。

由此可知，古德里安太了解装甲兵的特性了。

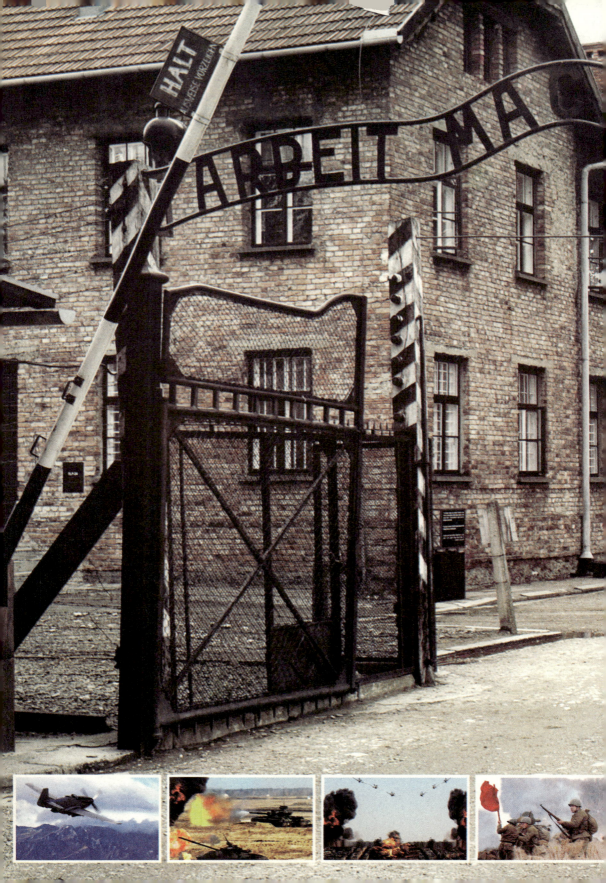

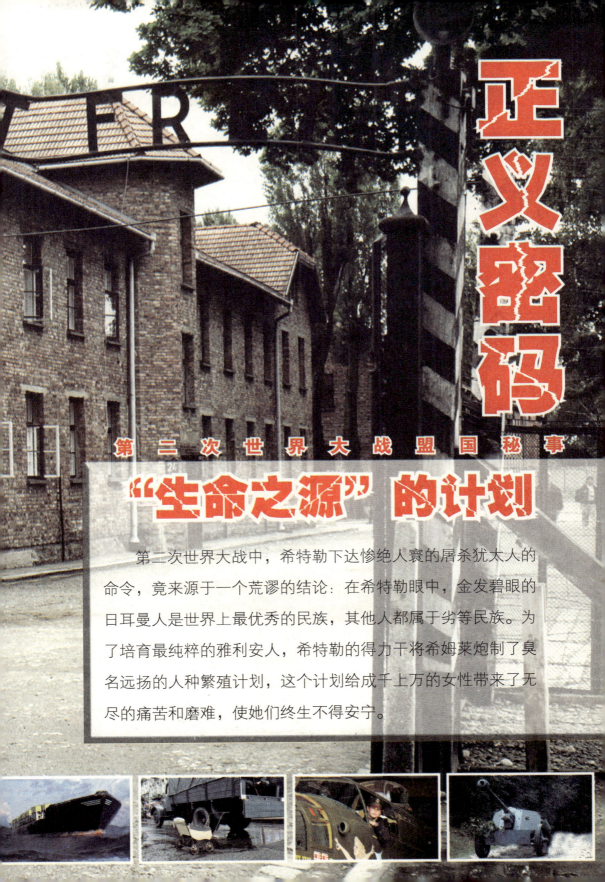

正义密码

第二次世界大战盟国秘事

"生命之源"的计划

第二次世界大战中，希特勒下达惨绝人寰的屠杀犹太人的命令，竟来源于一个荒谬的结论：在希特勒眼中，金发碧眼的日耳曼人是世界上最优秀的民族，其他人都属于劣等民族。为了培育最纯粹的雅利安人，希特勒的得力干将希姆莱炮制了臭名远扬的人种繁殖计划，这个计划给成千上万的女性带来了无尽的痛苦和磨难，使她们终生不得安宁。

希特勒承诺
要优化德国人种

　　第二次世界大战中，希特勒下达惨绝人寰的屠杀犹太人的命令，竟来源于一个荒谬的结论：在希特勒眼中，金发碧眼的日耳曼人是世界上最优秀的民族，其他人都属于劣等民族，而且，"劣等民族"中，强壮的斯拉夫人可以被日耳曼人所奴役，犹太人则必须有步骤地消灭掉。

　　希特勒这种荒谬绝伦的种族思想，在第二次世界大战时期给欧洲的非日耳曼民族带来了空前的灾难，尤其是犹太人，竟被纳粹分子屠杀了600万之多。从另一个角度来说，希特勒的"种族优越论"也表现出这位元首的无知。

　　例如，在苏德战争期间，德军发现苏联红军有一种性能非常优异的坦克叫T-34，当时，德军的任何一种现役坦克都不能与之相抗衡。为了在短时间内提高德军战斗力，德国的坦克专家们建议希特勒：应该大量仿制苏军的T-34。

　　但是希特勒固执地认为，T-34是由"劣等的"斯拉夫人生产的东西，日耳曼人怎么能仿制这种产品呢？于是，希特勒下令德国人研究自己的先进坦克。德国科学家于是费时费力地研究出了"虎"式和"豹"式坦克。实战经验表明，这两型坦克并不比T-34好，T-34才是第二次世界大战时期最优秀的坦克。

　　1933年1月，希特勒在德国上台，承诺要优化德国人种并清除其中的"糟粕"。纳粹制造了一个历史性的"神话"以支持他们的谎言：纯种的德国人是高贵的种族，是来自远古时期贵族骑士的后代，并且拥有雅利安人的血统。

为了支持这一说法，谄媚的考古学家还"发掘"出了伪造的古迹。负责"纯种"工作的党卫军头子希姆莱，甚至编造了一个亚特兰蒂斯神话，以证明德国人是最优秀民族的后裔。

亚特兰蒂斯是一块沉没的大陆，俗称大西洲。传说中沉没的大西洲，有着高度发达的文明。

人类在文字上第一次对亚特兰蒂斯作出描述是公元前360年前后的古希腊哲学家柏拉图，他描述说："亚特兰蒂斯位于岛的中心，是大陆的首都，主岛由3条宽阔的运河环绕，这些环形的运河和陆地把全岛划分为5个同心圆形的区域，另一条运河从中心贯穿各区，直通海岸。"

尽管曾经有许多学者提出亚

希姆莱

特兰蒂斯只是虚构出来的一个文明社会，但从古至今，仍然有许多人对大西洲的存在深信不疑。

希姆莱的"亚特兰蒂斯"情结直接来源于一本叫《冰盖理论》的书。作者赫尔比格声称有一个"超级人种"从太空来到地球，他们在古老的亚特兰蒂斯岛上落了户，创造了先进的文明。1.2万年前，亚特兰蒂斯因巨大变动而沉没于海中，少数居民乘船逃离，留下了上古时期关于大洪水的传说。

希姆莱坚信在德国可以找到亚特兰蒂斯人的后裔，而且是所有后裔中最优秀的。

153

不仅有神话作为依据，希姆莱还给人种计划披上了现代科学的外衣——优生学。这一理论始自查尔斯·达尔文的一个表弟——弗兰西斯·高尔顿。

高尔顿受达尔文自然选择理论的启发，曾对英国社会杰出人物的家庭背景进行研究，从而得出一个结论：成就和遗传显然是有联系的。

在《遗传基因：关于其法则和结果的探究》一书中，他宣布："我以最绝对的态度反对人人生来平等的借口。"在他看来，一个明智且进步的国家应该在"更合适的人种或血统"被贫穷阶层的多产交配习性所湮没之前，鼓励在该国宣传和增加优良人种的数量。

很显然，高尔顿的研究结论和纳粹的种族思想有某些相通之处，总结下来，那就是：人种是有优劣之分的，人类应当通过有计划的交配来解决人种优劣问题。

按照希特勒的授意，希姆莱为人种繁殖计划取了一个十分具有讽刺意味的名字——"生命之源"，目标是培育最纯粹的雅利安人。

"生命之源"计划的最初实施地是德国。

1933年5月，德国政府规定：雅利安女人堕胎属于违法。纳粹政府号召德国人民提高"种族储备"，"纯种"女人被免于劳动并被鼓励生育，不管她们结婚与否。

为了保证婴儿是纯粹的雅利安人，孩子的父母必须经过严格挑选。纳粹还

△ 希特勒（蜡像）

以各种方式推动雅利安人生育，例如，对那些生了很多孩子的所谓"英雄母亲"发放津贴及颁发勋章等，而那些无子女的夫妇则遭到贬低。

1934年1月，纳粹开始给数十万人实施绝育手术，这些人包括精神病人、妓女、罪犯、一些穷人和其他种族的德国人。

1935年9月15日，希特勒在纽伦堡主持了纳粹党代表大会，会上通过了两个决议——《德意志帝国公民法》和《德意志血统和荣誉保护法》。

这两个决议明确规定：只有日耳曼民族和与日耳曼同血缘的人才是帝国公民，犹太人和吉普赛人都不再是帝国公民，而是"不可接触"的"贱民"，同时，明令严禁他们同日耳曼民族通婚。

1938年，新颁布的婚姻法将雅利安女性的结婚年龄降低至16岁，并且允许一方可与不育的配偶轻易离婚。而后，纳粹的"安乐死计划"出台，并依此计划屠杀了10多万身体或精神有疾患的成人及儿童，这是对人类的犯罪。

与此相对照的是，纳粹宣布对那些为雅利安母亲做堕胎手术的医生处以死刑，遏制出生率的直线下跌。从以上政策可以看出，纳粹德国对优生学理论的迷信已经到了不可救药的地步。

纳粹建立
雅利安人"生育农场"

在整个"生命之源"计划中，最臭名昭著的要数"生命之源"产院，即俗称的"生育农场"。

"生育农场"指的是，纳粹政府向雅利安妇女提供一个可生小孩并对外保密的地方，使她们可在那里悄悄产下她们非婚生的婴儿。这里的孕妇个个都是金发碧眼，符合纳粹的雅利安人理想标准。

为了保密，母亲的身份都被记录在由党卫军严密保存的文件中，这些文件是与当地普通儿童的出生纪录分开保存的。自从希姆莱1936年开办第一所产院之后，他手下的党卫军在德国各地又建起了9个这样的产院。

许多金发碧眼的德国未婚女子和已婚妇女都疯狂地响应纳粹的号召，在德国士兵开往前线时，与他们发生关系。

历史学家马克·希尔写道：

> 当年许多德国女子都将她们的行为当做是爱国心的表现，为的是生产出金发碧眼的新一代纳粹分子。

第二次世界大战开始后，纳粹又在多个被占领的欧洲国家设立了"生育农场"，但与国内的情况不同，进入"生育农场"的其他国家的女性并非出于"爱国热情"，她们中的很多都是妓女，还有一些是被穷困和绝望所迫的妇女，希望能挣点钱养家糊口。

当时纳粹对她们的要求只有一点，就是必须金发碧眼。纳粹认为这是生

产"纯种"雅利安婴儿的基本条件。

婴儿出生后，身体健康的能够得到一本假护照，然后与生母分离，送给一个德国家庭收养；如果身体带有某些残疾和缺陷，"生育农场"中的护士会毫不犹豫地将他们毒死或饿死。

至大战结束时，约有1万名婴儿出生在德国的"生育农场"。

德国入侵挪威后，在挪威也出生了数量大致相当的婴儿。法国、比利时和卢森堡等地的"生育农场"也出生了一定数量的婴儿。

据称，希特勒对英国的人种评价颇高，在他的眼中，世界上只有英国的盎格鲁-撒克逊人种才能与德国的日耳曼人相提并论。所以，他计划一旦德军攻克英国，就命令希姆莱在英国各地建立多处"生育农场"，逼迫成千上万名金发碧眼的英国女人跟德国军官发生关系，炮制最优秀的人种。

可惜德军入侵英国的"海狮计划"实施不利，希特勒的美梦没能实现。

纳粹分子为了实现"光大德意志民族"的伟大理想无所不用其极，甚至以生孩子的多寡作为提拔党卫队成员的标准。希姆莱对各地"生育农场"的日常管理工作也兴趣甚浓，常去那里巡视。更为可笑的是，他为了"生育农场"的孩子，不惜暂时放下自己"杀人魔王"的架子，发明了一种高蛋白食谱，把自己装扮得像个"爱心天使"。

纳粹军官

157

纳粹绑架占领区百姓的"雅利安婴儿"

后来，纳粹分子甚至嫌十月怀胎批量生产"雅利安婴儿"速度太慢，于是干脆直接绑架其他国家具有雅利安血统和相貌特点的金发儿童，将他们送到德国抚养，希望他们将来成为"优秀民族"的一分子。

据估计，第二次世界大战期间，被纳粹占领的欧洲国家至少有25万儿童被纳粹分子绑架，送给德国家庭收养。

1945年春，盟军横扫欧洲，党卫军匆忙之中把各地的"生育农场"关闭。为了掩盖自己的罪行，纳粹拼命销毁有关"生命之源"计划的档案。

一种说法是，纳粹分子在逃跑之前就烧毁了所有的档案；另一种说法是，正当纳粹试图逃往山区时，美军挡住了他们的去路，在双方对峙过程

中，档案被倒入河中。

但是，不管怎样，很多记载着孩子生父生母的照片再也找不到了，那些孩子的真实身份也成了一个永远解不开的谜。

战争结束以后，在"生命之源"出生的孩子，有的不知道自己的亲生父母是谁，当他们辛辛苦苦地去德国寻找出生线索时，很多知道谜底的人始终不愿正视自己当过纳粹分子这一事实，自然也不会对这些"雅利安婴儿"提供什么消息。

另一些明确知道自己身世的孩子连同他们的母亲，在国内又受到同胞的歧视。许多孩子受到老师、同学、邻居的骚扰和殴打，甚至被赶进教养院。他们的母亲也受到社会各方面的报复，挪威警察曾经把1.4万个与德国士兵发生过关系的妇女送到拘留营。然而，这些可怜的孩子和母亲，都是无辜的，他们的不幸遭遇都是希特勒和纳粹造成的。

正义密码

第二次世界大战盟国秘事

纳粹高官为何出走

　　1941年，当纳粹的势力在欧洲的发展如日中天之际，纳粹德国的第三号人物、国家副元首赫斯，竟然突然从德国只身驾机飞往英国，这一举动，令整个世界震惊无比。作为纳粹德国如此重要的人物，赫斯突然出走英国，成为第二次世界大战最富有戏剧性的事件之一，也为人们留下了一个巨大的悬念：他为什么出走，他有什么迫不得已的苦衷？

德国第三号人物
出走英国

1941年，当纳粹势力在欧洲滔天发展之际，纳粹德国的第三号人物，当时的国家副元首，也是仅次于戈林的希特勒接班人赫斯，突然从德国只身驾机飞往英国"单刀赴会"，令当时整个世界震惊。

作为纳粹德国如此重要的人物，赫斯当时突然出走英国，成为第二次世界大战最富有戏剧性的事件之一，也为人们留下了一个巨大的悬念。

对他出走的原因众说纷纭。希特勒对此百般辩解，骂赫斯"精神失常"；墨索里尼则怀疑德国三心二意同英国媾和，出卖盟友；斯大林坚信，赫斯是希特勒的秘密使节，此行是专程与英议和，矛头对准苏联；当时同赫斯谈判过的英国政府首相丘吉尔也觉得莫名其妙，称其言行是荒诞的；大西洋彼岸的美国政府更是如在云里雾里，摸不着头脑。

赫斯于1920年7月1日参加纳粹党，成为该党的第十六名党员。1923年11月9日，他随希特勒在罗森海姆街贝格劳凯勒啤酒馆发动政变失败。赫斯得知希特勒被捕后，便回到慕尼黑向官方自首，自愿伴随希特勒前去兰茨贝格监狱服刑，并在狱中帮助希特勒炮制了《我的奋斗》一书，以期将来能为德国争夺新的"生存空间"，文中曾经提到要同海上强国英国共同对付苏联，这可能就是赫斯1941年5月10日驾机飞往英国的动机所在。

纳粹党于1925年重组之后，赫斯成为希特勒的私人秘书，这是赫斯青云直上的起点。

1939年8月30日，赫斯成为德国国防委员会委员。就在此时，赫斯被希特勒任命为继戈林之后的元首继承人。

1941年5月10日下午，赫斯与妻子匆忙告别，在副官、传令官、保安官和司机的陪伴下驱车来到德国奥格斯堡机场。赫斯换上德国空军尉官制服，留给副官一封如果他离开4个小时之后仍未返回就得尽快转交希特勒的信件，然后单独驾驶准备就绪的Me110战斗机飞往英国苏格兰，其时为中欧时间17时45分。

当晚23时09分，飞临苏格兰的赫斯伞降在汉密尔顿公爵住宅区所在的格拉斯哥附近。令人吃惊的是，听到这架陌生飞机的噪音，正在野外散步的当地著名工程师拉姆齐对儿子说：那可能是鲁道夫·赫斯。

拉姆齐刚说完这句话就以警告的口吻中断这次谈话："忘记我刚才所说的话，不要对任何人谈及此事。"拉姆齐本人直至去世也没有再提及此事。飞机坠毁的巨大响声引起了人们的注意。

农场总管麦克莱恩找到带有轻伤的赫斯并将其带往农场。

赫斯在路上用英语对麦克莱恩说："我是德国人。我的名字是艾尔弗雷德·霍恩上尉。我是来此执行特殊任务的。我想向汉密尔顿公爵提供重要情况。"

赫斯先后被带到吉福诺克国民自卫队总部和格拉斯哥，一再申明要见汉

纳粹德国副元首赫斯

163

密尔顿公爵。

5月11日，赫斯终于和业已担任皇家空军某歼击航空兵群司令的汉密尔顿公爵上校相见，公开表明自己就是鲁道夫·赫斯。

赫斯说明自己在执行人道使命，元首并不想征服英国而是要实现停战；元首认为德国将迅速赢得战争，而赫斯想停止这种不必要的流血，建议德英双方共同讨论可行的和平方案，同时转达希特勒的和平条件；要求英国国王保证赫斯的行动安全和自由意愿。

5月13日至15日，英国前驻德国大使馆一等秘书伊冯·柯克帕特里克爵士奉政府之命数次与赫斯接触。

6月9日，英国大法官西蒙勋爵亦奉丘吉尔之命与赫斯谈判。

9月9日，英国飞机生产大臣比弗布鲁克勋爵在前往莫斯科进行武器装备供应谈判之前与赫斯交谈。

除此之外，被转移到伦敦塔的赫斯实际上处于被软禁状态，因而他深感失望。赫斯飞英之谜的关键是：赫斯飞英的动机何在？

寻找媾和之路
反遭终生监禁

赫斯飞英国是自作主张，还是奉令行事？赫斯飞英纯粹是德国的一厢情愿，还是英国和德国事先有过某种默契？赫斯飞英之谜引起人们的广泛关注，有关著作大量出版发行，但对于上述问题却是众说纷纭，莫衷一是。

赫斯的儿子沃尔夫·赫斯认为，1940年夏季行将结束之际，赫斯就在豪斯霍弗父子的协助下开始拟订德国与英国停止战争的协议，否则一旦德国与苏联之间爆发战争，德国最终将被迫实施两线作战。赫斯原计划在中立国与英国的汉密尔顿公爵就和平协议举行谈判，后因未能得到汉密尔顿公爵的满意答复而于1940年12月决定亲自飞往英国会见汉密尔顿公爵。

赫斯为此行作过精心策划，已被希特勒禁止飞行的赫斯密请梅塞施密特飞机制造公司总裁、著名的飞机设计师威利·梅塞施密特为其提供Me110战斗机并安装远程飞行训练装置，还曾集中精力学习驾驶技术和空中导航，布置收集有关的气象资料，标有飞行路线图，此外还备有一份和平计划。

赫斯给希特勒的信件以"我的元首：当你收到此信的时候我将身处英国"开头，结尾则表示"我的元首，如果我的计划失败，如果命运决定与我作对，那么此行也不会给你或德国带来不幸的后果，你可以选择任何时机与我断绝关系——就说我疯了"。

赫斯的和平计划的主要内容有：

德国和英国在维持现状的基础上就全球政策达成妥协，所谓维持现状即德国不得为争取生存空间而与苏联发生战争；德国放

弃对殖民地的要求并承认英国的海上霸主地位，英国则承认中欧为德国的利益范围；

德国和英国之间目前的实力关系将得到维持，即英国不得从美国得到增援；

德国将在法国陆军和海军全面解除武装之后离开法国，德国专员将留驻法属北非，从实现和平之日起德国部队仍将留驻利比亚5年；

德国将在波兰、丹麦、荷兰、比利时和塞尔维亚建立卫星国，但在实现和平两年后将从挪威、罗马尼亚、保加利亚和希腊撤出，且德国将在东面、北面、西面和南面的问题圆满解决后放弃在东地中海和中东对英国地位的压力；

德国将承认阿比西尼亚和红海为英国的势力范围。

赫斯乘坐飞机残骸

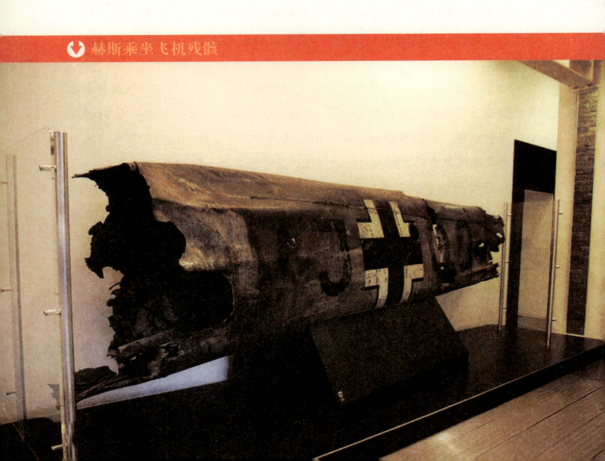

美国作家威廉·夏伊勒则认为，赫斯的动机是清楚的，他真诚希望同英国媾和。此外，战争使他个人黯然失色。战争期间，作为希特勒的副手管理纳粹党是一种很无聊的且不再是非常重要的职务。德国的重要工作是处理战争和外交事务，这些事情使戈林、里宾特洛甫、希姆莱、戈培尔和将军们处于重要地位。赫斯感到既失望又嫉妒。为了恢复他以前在元首身边的地位和他在国内的地位，单枪匹马地安排德国和英国之间的和平，这样一种大胆而显赫的政治成就，岂不是最好的办法吗？

苏联方面长期认为赫斯飞英后曾经有过某种深入的谈判或策划，由德国和英国联合起来进攻苏联，但该项计划最终流产了。苏联方面最近公布的克格勃绝密文件表明赫斯飞英是英国方面诱骗的结果。

英国情报部门假意答应谈判一项和平解决方案，以把赫斯骗到英国。

而在希特勒于1941年6月22日进攻苏联前夕，赫斯想说服英国与德国签订和平条约，这些绝密文件包括充当苏联间谍的英国人菲尔比的两份绝密报告。菲尔比通过他的朋友、英国外交官杜普雷获得情报后于1941年5月22日向在伦敦的苏联情报人员报告：赫斯在飞来英国之前给汉密尔顿公爵写过信，但这封信被英国情报部门所截获；赫斯认为英国国内存在强大的反丘吉尔派，他们想利用他飞来英国同德国人媾和。因此，英国情报部门在赫斯于1941年5月11日在苏格兰降落以前，就知道赫斯要来英国。

再说1941年5月10日深夜，希特勒将赫斯副官送达的信件阅读完毕，竟不露声色地问道现在赫斯在哪里，并暗中通知戈林和里宾特洛甫，因为赫斯约定如果使命进展顺利，就向苏黎世的姑妈拍发电报。

5月11日，希特勒终日没有收到赫斯的只言片语，对赫斯使命能否成功的怀疑有所加深。当天下午，在戈林和里宾特洛甫来到上萨尔茨堡的伯格霍夫别墅之后，赫斯的副官才遭逮捕。

5月12日，赫斯或许可能成功的希望化为泡影，希特勒遂安排新闻处长迪特里希发布公报，命令博尔曼行使赫斯的职权，向小豪斯霍弗询问赫斯飞英的细节。5月12日夜晚，德国广播电台播发公报，称赫斯业已违背命令驾机起

飞，至今仍未回返；赫斯留下的信件以其混乱状态而不幸地表现出精神错乱的迹象，这使人感到党员赫斯恐怕是妄想症的牺牲品，因此赫斯或许已在某地坠毁，公报并未透露赫斯业已飞往英国媾和。

5月13日，在英国政府宣称赫斯的飞机坠毁，他本人在苏格兰降落并受有轻伤之后，希特勒向集中在上萨尔茨堡的纳粹党高级官员指出："在指挥官们随时可能奉命开始最为困难的军事行动的时刻，赫斯离开了我。当我的高级政治领导人根据他自己的计划离开战场的时候，我怎么能指望我的将军们服从这项命令？因此党应当将赫斯的名字从记忆中勾销。"

鉴于德国人民对赫斯事件的解释存在可怕的情绪，希特勒和戈培尔决定在5月13日晚发布第二份公报。公报声称赫斯似乎处于幻觉之中，这种幻觉使之感到通过在过去认识的英国人之中采取个人行动，能够促成英国和德国之间的谅解，国家社会主义党对这个理想主义者沦为这种灾难性幻觉的牺牲品深表遗憾。

然而，这丝毫也不会影响这场战争的继续。沃尔夫·赫斯认为希特勒和戈培尔似乎不想将后门堵死，故而承认赫斯对于元首的大量和平方案的了解比任何人都多。既然赫斯已经叛逃，赫斯家族也就在劫难逃了。其实不然，1941年10月2日，赫斯的父亲去世，希特勒即给赫斯的母亲发去私人唁电，博尔曼据此得出希特勒并未与赫斯家族断绝关系的结论，也随后发出唁电。

综上所述，可以认为赫斯飞英并非自作主张，而是奉令行事；精神错乱、发疯、幻觉都是纳粹为摆脱赫斯使命的失败所带来的困窘而寻找的托辞。不过，赫斯使命只有希特勒、戈林、里宾特洛甫等极少数纳粹要员知情，至于具体的飞英日期，则是赫斯自行决定的。

沃尔夫·赫斯通过对大量事实的分析研究，认定赫斯飞英是英国情报机构设定的圈套。其中最重要的事实是，赫斯飞抵苏格兰之时，汉密尔顿公爵正在苏格兰西海岸的特恩豪斯空军基地值班，通过雷达掌握有关情报，而在此之前汉密尔顿公爵还曾亲自驾机升空观察。

1945年10月8日，赫斯被转移到纽伦堡。1946年10月，赫斯被纽伦堡国际

军事法庭判处无期徒刑。1947年7月，赫斯被转移到西柏林的施潘道盟国军事监狱，编为第七号囚犯。随着1966年10月施佩尔等人的释放，作为施潘道监狱仅存囚犯的赫斯成为世界上最孤独的人。

施潘道监狱由苏联、美国、英国和法国各指派一名监狱长共同管理，各组织30名卫兵轮流看守。有关的经费全部由德意志联邦共和国政府承担。从1960年10月到1984年，纳税人为此共付出2650余万德国马克。

赫斯的监狱生活是有规律的：早晨7时醒来，起床、洗漱、早餐、阅读、散步、晚餐；大约在晚上22时，眼镜被摘掉，同时熄灯。根据通信与探视条例，赫斯获准阅读指定的3份德文报纸，每月可由家人提供4本书籍作为读物，1978年起室内备有一台电视机。不过，赫斯对外部世界的了解仍然是有限的。因为赫斯不得收听新闻广播或收看有关当代历史的节目，有关第三帝国、纽伦堡和施潘道的报刊文章事先都被删剪。

赫斯获准每个星期与家人来往信件各一封，篇幅均不得超过1300字，且来往信件均需经过监狱长检查；每个月接受一名家人探视一次，时间不得超过一个小时，每次探视必须提前两个星期向狱方提出申请，由监狱长审核批准或予以拒绝。沃尔夫·赫斯一家长期为争取释放赫斯而努力，赫斯则声称自己不会请求宽恕，因为对他来说名誉比自由更为重要。1987年8月17日，赫斯在施潘道监狱自杀身亡。

正义密码

第 二 次 世 界 大 战 盟 国 秘 事

震慑西欧的"功臣"

　　二战爆发后，希特勒害怕攻不破马其诺防线，就命令德国军事部门设计巨炮，以待将来德法开战时攻击这条坚固的防线。从1935年开始，经过7年努力，一种超级巨炮诞生了。它有着800毫米的口径，希特勒给这种炮命名为"古斯塔夫"。而设计师穆拉为纪念自己的妻子，将巨炮命名为"多拉"。

　　"多拉"炮投入使用后，曾一举攻克了苏军最坚固的要塞。

德国军方
制造超级 "多拉"

第一次世界大战后，法国为防止德军入侵，在其东北边境地区构筑了一道坚固的防线，这道防线以法国陆军部长A．L．R．马奇诺的姓氏命名，因此称为马奇诺防线。

马奇诺防线从1929年起开始建造，至1940年基本建成。防线主体有数百公里，由钢筋混凝土建造而成，十分坚固。

资料表明，马奇诺防线的钢筋混凝土工事的顶盖厚达3.5米，装甲炮塔厚达300毫米，可抗击两发直接命中的420毫米炮弹。整个工程耗资达50亿法郎，土方工程量达1200万立方米。

希特勒上台后，对马奇诺防线心存芥蒂，于是命令德国军事部门设计巨炮，以待将来德法开战时攻击这条坚固的防线。德国早在第一次世界大战时就制造过巨炮，而且曾经威慑过当时的协约国法国的巴黎。因此，希特勒准备继续使用巨炮轰开马奇诺防线。

那么，这种大炮到底有多大的威力呢？话还要从第一次世界大战说起。

1918年3月21日早晨，作为大后方的巴黎春意盎然，人们呼吸着新鲜空气，开始了新的一天。

尽管此时的法国仍然和德国进行着一场战争，但巴黎的市民们显得很安闲，因为战场距离这个美丽的首都还很远很远。

突然，一声刺耳的尖啸划过长空，紧接着震天动地的巨响从塞纳河畔传来。街上的行人被这突如其来的爆炸惊得不知所措，短暂的迟疑之后，人们四处寻找着防空洞，街上炸开了锅。

爆炸腾起的巨大烟雾

正义密码

美丽的塞纳河畔长眠着法国的拿破仑，他的赫赫战功曾经为法国争得了统治欧洲大陆的荣誉，然而，此时此刻，巨大的爆炸声已经打破了拿破仑安睡之地的宁静，到底是什么武器这么厉害呢？

当天黄昏，法国的电台广播了这样一则消息：

敌人飞行员成功地从高空飞越法德边界，并攻击了巴黎。有多枚炸弹落地，造成多起伤亡……

可是，对于电台的说法，巴黎市民并不相信，因为他们既没有看到飞机，也没有听到飞机的轰鸣声，况且，在第一次世界大战时期，飞机投掷的炸弹一般不会产生如此强大的破坏力。

就在人们惊慌失措的时候，法国的特工在靠近法德边界发现了德国的一种远程大炮，并认定轰炸是从这里发起的。人们仍然对这条消息将信将疑。

不过，如果巴黎市民有兴趣来参观一下这种神秘大炮，就不会对它轰击百千米以外目标的能力产生怀疑了，因为它的炮管有36米长，整个系统全重375吨，发射的时候，它的炮弹先射到40千米的高空，到达同温层，以1000米每秒的速度在同温层里飞行100千米，然后再降低高度进入对流层，最后击中目标，整个飞行过程和一枚弹道导弹差不多。它的理论最大射程是120千米，但在实际使用中，射程达到了131千米。

德军轰击巴黎时的炮兵阵地，距离巴黎市区远达120千米。这就是赫赫有名的"巴黎大炮"。

实践证明，在巴黎市区落下一枚炮弹，抵得上在前线落下成百上千枚，因为这些巨大的爆炸声会严重挫伤法国人民的斗志——连首都都不安全，还有哪里是安全的？

当时，德国的军火公司共制造出了7门"巴黎大炮"，但只有3门用于战斗中。到1918年8月，"巴黎大炮"共向巴黎射出了367发炮弹，但它的准头似乎不太好。

174

"巴黎大炮"的底座加装了专门设计的特殊的轮子，故其能够运用铁路系统快速移转阵地，这也让"巴黎大炮"成为列车炮的族系中第一个能够拥有超长程打击火力的一员。尽管"巴黎大炮"威风八面，但它仍无法挽救德国失败的命运。

随着战场形势急转直下，为了防止"巴黎大炮"落入敌人手中，德军不仅破坏了其设计图纸，而且将这三门大炮拖回工厂重新投入熔炉。如此一来，"巴黎大炮"虽一鸣惊人，但却只是昙花一现，留给后人的只是几张黑白照片和无尽的想象。

现在，希特勒要重新制造巨炮，纳粹党立即又找到了当年承担建造巨炮任务的厂商克虏伯兵工厂，命令他们立即启动建造计划。希特勒甚至向德国工程师发布一道命令，要求他们设计出一种"可以穿透一米厚钢、7米厚混凝土、30米深泥土的超级炮弹"。

1935年开始，经过7年的努力，又一种超级巨炮诞生了，它有着800毫米的口径，足以让一名士兵毫不费力地蹲在炮管里。为了纪念克虏伯兵工厂的创始人古斯塔夫·克虏伯，希特勒给这种炮命名为"古斯塔夫"，而设计师穆拉为纪念自己的妻子，将巨炮命名为"多拉"，德国士兵们则喜欢叫它"大多拉"炮。

1942年春天，多拉大炮要进行试射。希特勒和几位高级将领，乘坐着火车专列兴致勃勃地赶到戒备森严的鲁根沃尔德靶场。中午，发射了第一发混凝土破坏弹，弹头3000多千克，射程达26千米。下午，又发射了一枚4000多千克的榴弹，射程达47千米。希特勒对此庞然大物十分满意。

验收以后，巨炮以700万马克的高价被军方购买。虽然价格高昂，但绝对是物有所值。这家伙的炮管长达32米，在战斗状态下火炮全长达53米，高12米，全重1488吨。炮弹也大得惊人，其中标准榴弹丸重4.81吨，用于破坏混凝土掩蔽部的弹丸则重达7.1吨，内装200千克炸药，它的威力足以击穿3千米以外厚度为850毫米的混凝土墙。

这样的庞然大物在装配、运输和射击试验时遇到极大困难。仅就运输而

言，需要首先把各部件卸下来分别装车，运炮车与两层楼的楼房相当。整座大炮及所需的弹药需动用60节车皮。

而且，由于炮身过宽，标准宽度的铁路无法运输，需要专门铺设特制的轨道。

在试验弹道性能时，装弹机还不太完善，只好用一台起重机把4吨重的炮弹吊送到炮身尾部，再用一辆轻型坦克把它猛地推撞到炮膛里。

为了把火炮运送到试验场，特地设计了3辆构造特别的巨型运输列车。沿途的桥梁无法承受这样大的重量，列车只好绕过很长的弯路行驶。

到达阵地后，先用两台巨型起重机吊装底座，然后安装炮架、炮管、装弹，全部工作由一名少将指挥1400余人奋战3个星期才能完成。

为了预防苏军飞机轰炸，阵地四周部署了高炮部队和警戒飞机，大量步兵、巡警和警犬在周围10千米内日夜巡逻。一旦发现敌机轰炸，立即由化学兵施放烟幕掩护。参加指挥、操作、警卫的总人数达到4000人以上。

希特勒对"古斯塔夫巨炮" 寄

仿制的"多拉"大炮

予厚望，曾梦想靠它制造战争奇迹，但战争初期它却并没有派上什么用场。

德军翼侧包围马其诺防线后，很快就迫使法国投降；希特勒本希望用"古斯塔夫巨炮"在直布罗陀海峡对仗英国军队，但最后也没有派上用场。

直到1942年6月，"古斯塔夫巨炮"才找到不至于"大材小用"的场所——当德军进攻苏联的塞瓦斯托波尔市时，"古斯塔夫巨炮"真正发挥了巨大的威力。

纳粹工程师后来又造出了另一门一模一样的"克隆炮"。然而，它还没怎么用于战斗，就在德军败退途中被自己人摧毁了，希特勒显然不想让它落入苏联人的手中。

第二次世界大战中德国的超级大炮，除了"多拉"之外，还有著名的卡尔炮，该炮口径为600毫米。

大炮由重达124吨的车体承载，关了运输方便，德军有时将"卡尔"挂上两个特制火车头作为铁路行进，最高时速只有10千米，由于它发射时震天动地的威力，卡尔炮也被称为"雷神之锤"。

苏军钢铁堡垒
变成一片废墟

塞瓦斯托波尔位于克里米亚半岛南端。克里米亚是苏联加盟共和国乌克兰向黑海延伸出去的一个大半岛。作为黑海最合适的港口之一，塞瓦斯托波尔具有极为重要的战略价值，1000多年来，它都是兵家必争之地。

在苏联时代，塞瓦斯托波尔要塞进行了全面的现代化改造，由此，它也成了希特勒的一块心病。

希特勒认为：驻扎在塞瓦斯托波尔要塞的苏军可以随时从黑海登陆，对侵苏德军南线部队进行包夹攻击，这使得德军不敢贸然向东方推进；而且从克里米亚机场起飞的苏联飞机时刻威胁轴心国的生命线——罗马尼亚的普罗耶什蒂油田。

苏德战争爆发前，塞瓦斯托波尔只做了对空和对海防御准备，要塞的陆上防御体系从1941年7月才开始大规模建立，但是到德军进攻的时候，它已经有了一套坚固无比的陆上防御体系。

在这片绵延360千米的矩形地带，分为三个防御区，配置了12个永久要塞群，占全部克里米亚要塞数量的75％。中心地带由3个巨大的要塞群把守，在防御线的最北也是最容易被突破的隘口，是当时最强的马克西姆-高尔基I号联装炮塔要塞。

高尔基I号要塞拥有双联装305毫米巨炮，射程达到44千米，外部防御层形状酷似当时的战列舰炮塔，由200毫米至300毫米厚的装甲板全体包裹，炮塔下面有3层永固工事，每层永久混凝土天盖都厚达3000毫米至4000毫米。所有要塞周围都被永久混凝土装甲板覆盖，用地下通道和小型铁路连接，在

178

山地部分更设置难以数计的暗堡、火力点，所有的要塞炮塔都是下沉式安装且具有绝对优势射界，理论上不可能对该防御地带进行地面攻击。而且设计者将要塞的基本弹药存放在塞维纳亚湾南岸地下深达30米的库拉贝主弹药库中，可谓万无一失。整个防区配有坦克、飞机、火炮和高射炮，装备非常齐全。防守人数约为10万，大部分隶属于苏军内务部队，战斗力很强。

　　1941年12月17日，德军7个步兵师和两个山地师全面包围要塞，发起第一次塞瓦斯托波尔攻防战。德军绕过马克西姆-高尔基1号，从要塞群西侧进攻斯大林要塞，但是毫无战果，由于两天前苏联海军陆战队在刻赤半岛登陆迅速粉碎德军包围圈，第一次攻防战以德军的全面失败收场。

　　1942年6月6日，第二次塞瓦斯托泼尔攻防战拉开了序幕。当天，203个德军炮兵连集结在北部要塞群，德军将领曼施泰因试图在最强防御线上打开一个缺口，从而发起第二次世界大战中德军最疯狂的一次炮击作战。但是，在最北部的马克西姆-高尔基Ⅰ号要塞压制着北方主要道路和别别克峡谷的险要

穿甲弹引起爆炸 ⌄

地带，305毫米火炮随时会对德军步兵造成毁灭性威胁。而普通的火炮对这个坚固无比的要塞也毫无办法，它的44千米射程更让德国第五十四军难以前进寸步。为了突破最强的要塞，必须动用最强的火炮。

德军经缜密策划后调拨了包括多拉炮在内的3门巨型火炮，它们分别是：800毫米多拉列车加农炮、610毫米卡尔自行臼炮、420毫米刚玛固定式臼炮。德军的第一目标是苏军库拉贝弹药库，这项艰巨的任务需要多拉炮上场。

但是多拉的穿甲弹射程只有38千米，所以必须在苏军马克西姆-高尔基Ⅰ号联装炮的射程之内冒险攻击。

多拉巨炮冒着苏军的猛烈炮火，连续不断地发射重达7100千克的穿甲弹。那些呼啸的炮弹带着巨大的动能贯穿了要塞8000毫米的防护层，并且命中了地下弹药库中部，引起震撼全岛的大爆炸，从而断绝了苏军北部要塞群的弹药供给。

随后，"多拉"沿着临时搭建的四轨大型铁路转弯南下，开始攻击斯大林要塞，同时北部德军炮兵开始进入全面围攻高尔基Ⅰ号的炮击行动。北部炮击的主角换成了"雷神之锤"——600毫米的卡尔臼炮。"卡尔"的射速较快，重达2200千克的610毫米高爆弹倾泻在高尔基Ⅰ号要塞周围，4000毫米厚的永久水泥装甲板被打成碎片，要塞内部开始暴露，然后是第八航空军倾巢出动，采用每天1000架次的波状俯冲轰炸对要塞生活区造成完全破坏，迫使苏联士兵向要塞内部退却。

为了压制苏联步兵的突围和增援，420毫米臼炮对要塞周边进行地毯式轰击，1000千克重的420毫米炮弹雨点般粉碎要塞周围所有的公路、铁路网。

从6月30日开始，德军动用包括3门巨炮在内的所有火炮对市区进行地毯式轰击，第一天就发射了6.4万吨炮弹，整个城市变成一片火海，天空消失在浓烟和烈火中。

第二天起，德军进行不间断射击，第八航空军的出击增至每天1500架次，12万枚燃烧弹席卷塞瓦斯托波尔，排炮达到暴风雨般猛烈的程度，市区建筑全部被炸毁，公路、图书馆、公园、学校荡然无存。

　　德军对塞瓦斯托波尔市区进行全面包围后，守军的抵抗已无任何意义。7月3日，德军减低炮击强度，步兵和装甲兵占领了市区的50％。考虑到市民的生命安全和多拉巨炮的威胁，苏联红军同意投降。而此时，号称最坚强堡垒的塞瓦斯托波尔，早已变成了一片废墟。

　　1944年，波兰地下武装起义，德国秘密警察头子下令镇压，多拉巨炮再次派上了用场。它在离华沙城30千米的地方，发射30发炮弹，造成很多波兰平民的死亡，华沙几乎变成一片废墟。

　　多拉巨炮从初次登场到最后镇压华沙起义，总共发射104发炮弹，它的威力虽然强大，但是制造、运输、架设都费时费力，因此战场运用少之又少。与它的前辈"巴黎大炮"一样，多拉巨炮的象征意义大于实际意义。但是无论如何，它都算得上人类兵器制造史的奇迹之一。

　　关于多拉巨炮的下落，主要有两种说法。一种认为，第二次世界大战结束之前，希特勒为了避免巨炮被盟军缴获，命令德国工程师将其拆除，盟军只缴获了这门巨炮的一些零部件，在德国希尔雷本靶场还发现过一根巨大的炮管和几发炮弹；还有一种认为，第二次世界大战结束时，多拉巨炮成为苏联红军的战利品，以后又被运到盟军占领区，成为盟军研究巨炮的样品，最后，这座空前绝后的超级巨炮被盟军拆解，结束了它短暂而奇特的一生。

正义密码

第二次世界大战盟国秘事

希特勒的性格之谜

1944年6月，反法西斯同盟国集结了近300万的兵力，在法国北部诺曼底地区进行了世界战争史上规模最大的战略性两栖登陆作战。7月下旬，诺曼底战役胜利结束，希特勒所吹嘘的"大西洋铁壁"就此被撕破，法西斯德国迅速走向失败。多年后，一份解密文件证实：这场战役的进攻时间，竟然是根据希特勒的性格弱点制订的，这到底是怎么回事呢？

罗斯福下达
奇怪的调查令

　　1944年6月，美、英、加等反法西斯同盟国集结了近300万的兵力，在法国北部诺曼底地区进行了世界战争史上规模最大的战略性两栖登陆作战。目的是为盟国军队大规模登陆西欧、开辟欧洲第二战场、配合苏军在东线的进攻和最终击败纳粹德国创造条件。

　　6月5日午夜，盟军出动2500多架轰炸机对德军阵地进行轰炸，投掷炸弹10000多吨，拉开了"D日行动"的序幕。

　　6日凌晨，盟军1.7万多名空降兵乘坐1200架运输机首先在德军防线背后着陆，夺取海滩堤道和主要桥梁，占领主要登陆地段的侧翼，阻止德军增援。同时，100多艘舰只上的火炮对登陆地点的德军阵地进行轰击。6日6时30分以后，登陆部队开始突击着陆。

　　9时，已经基本突破德军阵地，站稳脚跟。盟军在43天中，从诺曼底登陆共9个军39个师约165万人，物资约66万吨，坦克约4000辆，各种机动车辆约20万辆。

　　7月下旬，盟军已占据了比较广阔的登陆场，完成了地面总攻的全部准备工作，诺曼底战役胜利结束。希特勒所吹嘘的"大西洋铁壁"就此被撕破了，法西斯德国陷入了苏联和盟军东西夹击的尴尬境地，迅速走向了失败。

　　斯大林高度评价了诺曼底登陆战役，他说：

　　　　就其规模，就其宏大的布局，以及杰出的执行计划情况来讲，在战争史上从来也没有过足以和它类比的事业。历史将把这

一业绩作为一项最高的成就记载下来。

　　然而，这样一场伟大的登陆战役，其进攻时间的选择，竟和一篇妙趣横生的心理报告有直接的关系。这篇心理报告的主角，就是那位性格怪异的德国法西斯元首——希特勒。

　　到底是怎么回事呢？

　　第二次世界大战期间，苏军开始战略大反攻后，欧洲的战场形势转为对同盟国有利，美、英、苏三国随即商定盟军的登陆作战，开辟第二战场。然而，美国上层人物却对登陆时间展开了一场秘密大争论。

　　一派主张登陆作战宜早不宜迟，这样的话，一来可以减轻苏联在东方战线的压力，二来可以和苏联争夺最多的胜利果实。他们强调说，登陆时间最迟不得超过1944年5月底。另一派则认为，此次登陆难度巨大，准备周期太长，登陆时间最好选在1944年8月以后。

　　争来争去，焦点聚集在了这样一个问题上：如果5月底以前登陆，希特勒心理上能否坦然承受？他是否还能镇定自若地指挥依旧强大的德国军队？当时德国虽然在战略上转为防御，但仍然拥有数百个师的庞大军队，而且德军四处侵略，士兵的战斗力都很强。

　　为了破解希特勒的性格之谜，罗斯福总统在1944年1月初破天荒地下了一道命令：情报机构必须在最短的时间内做出一份有关希特勒性格分析的有说服力的报告。

　　情报机构不敢怠慢，马上组织了最干练的间谍，特别是长期潜伏在德军高层的间谍参与了这次行动。由于情报人员平时就注重收集德方首脑"个性特征"的秘密情报，因此仅仅过了一个多月，即2月下旬，一份详尽完整的《希特勒性格特征及其分析报告》就摆上了罗斯福总统的办公桌。

　　《报告》的内容令大伙儿吃了一惊——他居然有"晕血症"！

希特勒竟然
有轻微的晕血症

　　希特勒的一个命令就可以让数百万犹太人死于非命，但他却有轻微的晕血症，这是真的。他一见到血，尤其是见到人血以后，会感到非常不舒服。令人啼笑皆非的是，这个秘密曝光以后，纳粹宣传部长戈培尔马上用他如簧的巧舌替希特勒美化道："这是元首对生灵的仁慈！"

　　希特勒的女秘书容格说："希特勒私底下为人非常友善，经常关心我的生活，对我充满了父亲般的慈爱。但我发现他身上蕴藏着两种截然不同的性格，发布命令时总是通过对讲机，声调比较平和，但当他发表演讲时声调却突然变得很刺耳，他的姿势也变得夸张起来，仿佛变成了另外一个人，他会运用一些在私底下从来没有用过的可怕的词汇来恶意攻击犹太人，但过后他又恢复到一派学者风范，仿佛什么事也没发生过。"

　　据有关资料记载，希特勒对动物，特别是自己饲养的动物关怀备至，充满仁爱。他拥

希特勒

187

有一个庞大的鸟类养殖场。如果有一只孔雀死了，他会伤心得掉泪。有时，一只昆虫死了，他甚至也会摇头叹息。然而另一方面，他命令毒死1000个犹太人的时候，却从没有犹豫超过3秒钟。

希特勒一生没有驾驶过汽车。可是，他的秘密爱好却是在夜深人静之际，坐上车，要司机以时速超过100千米的速度飞驶。当时，高速公路不像今天这么宽敞，汽车也不像今天的性能这么优越，所以时速100千米简直是一个不可思议的"疯狂速度"，相当危险。

后来，他的司机因为过度紧张而精神失常。可是另一方面，他又严格规定他所乘的大车最高时速不准超过37千米。

鲜为人知的是，希特勒这位留着"卓别林式"小胡子的"丑角"当权后，曾做了多次"鼻美容"手术。他的"理论"是，对于日耳曼人而言，有一个高挺的鼻子会给人以"刚毅自信、勇敢无畏"的感觉。然而，他对这个手术却严加保密，绝对不愿让他的臣民们知道他们的"至高无上的元首"居然会像一名爱漂亮的少女一样钟情于"美容"。当时，欧洲人普遍认为，整容是一种"破坏上帝赋予自己容貌"的爱虚荣的行为。希特勒深知这一点。

具有讽刺意味的是，当德军在苏德战场上节节败退，希特勒的威信一天天降低时，他的鼻子却在逐渐地"长"高。

此外，希特勒对长桌有独特的兴趣。他召开会议时总是用很长的会议桌，因此德国一些优秀的木匠常常被召去制造长桌。他拥有的一张最长的桌子超过了15米，竖起来有5层楼那么高。

50岁以后，看文件通常要用老花眼镜，本来是再正常不过的事，他却禁止任何人拍摄他戴眼镜的照片，以至英国情报部门接到隐藏在德国上层机关的间谍送来的有关希特勒眼睛已经老化的密报后，还在怀疑情报的可靠性。

希特勒是个严重的牙病患者。拔牙时，他会痛苦地尖叫，像个孩子。但他又拒绝麻醉，他顽固地认为，麻药会让他"变傻"。这常常使牙医非常为难。

希特勒对别人的手指非常着迷。如果他不喜欢一个人的手，他会转身走开，拒绝同这个人继续交谈。

　　希特勒的肌肉原本就不发达，50岁以后更是日趋萎缩，因此他即使在夏天也不穿短袖衫。为他洗澡的仆人必须对他的身体外形严格保密，否则就可能有"杀身之祸"。

　　他一生对女人都无好感，但年轻时曾狂热地爱上他的"嫡亲外甥女"。然而这场"刻骨铭心"的爱，却以心上人的自杀而收场。这样看来，他并不爱他的情妇——爱娃。

　　希特勒年轻时在奥地利维也纳游荡那几年，为了糊口，曾经画过一些色情画出卖。但在飞黄腾达以后，他悄悄地指使手下人把那些色情画以高价全部购回销毁。

性格分析报告
促成战役提前

　　美国的心理分析专家依据材料，给希特勒开出了一份比较客观的性格分析报告：

　　高度压抑。对于任何人来说，"午夜飞车"都很可能是为求得心理压抑的解脱。但是，希特勒竟然到了不顾生命危险的"疯奔狂驰"的地步。这不仅有力地证明他长期处于心理压抑状态，而且说明这种压抑的程度已经相当严重了。

　　严重变态。同自己的亲外甥女恋爱是一种不正常的关系。这场古怪恋情的失败，必然会在他心灵上留下深刻的，甚至一生都难以消除的阴影，完全有可能导致心理压抑。更重要的是，这种压抑只会越来越深重，最后必然导致严重的变态。

　　畸形虚荣。虚荣心是许许多多人都有的。但希特勒的虚荣已经到了畸形的程度。他对"鼻子增高手术"的迷恋，充分证明了这一点。

　　严重"女性化"。一般来说，女人比较注重研究别人的手，希特勒对别人的手的兴趣，属于一种比较严重的女性性格。他对动物反常的"柔情"，并不是为了博得"仁慈"的矫揉造作，因为事实上他如要博得这种美名，是不需要这样的。毫无疑问，这种"多愁善感"也是一种女性化的心理特征。

　　负担沉重。其实，肌肉不发达，对于一名国家领导人来说，并不是什么大的缺陷。而希特勒这种"讳莫如深"，正说明他为了掩饰自己的软弱也已到了反常的地步，说明他心理十分脆弱，"永不露体"的衣服无疑会大大加大他与周围人、同外界的隔膜，大大增加他已经很沉重的心理负担。

非常脆弱。长桌上居于主席位置的人能给别人一种威严感，同时又可同其他与会者离得远一些。对长桌的酷爱，显示他对这种形式上、表面上的"威望"的渴求；同时又表明他对下属心存疑虑，甚至表明他对任何人都有一种恐惧感，这实际上是一种心理非常脆弱的表现。

此外，以上的种种严重心理缺陷、矛盾、压抑和扭曲也都可以造成或归结为严重的心理障碍。这份报告的结论是：如果盟军在西线发动强大的攻势，那么希特勒在表面上，特别是在属下将领面前，仍会显出满不在乎的样子，但内心的虚弱感肯定会大大增强。

盟军如果在1944年上半年发动大规模反击，希特勒将无法有效地指挥百万大军。罗斯福仔细地将这份心理报告阅读了几遍。比起大众传媒的报道，这份心理报告中的希特勒更像一个活生生的人。他是个战争狂，但他也有感情，也有弱点，怎样才能抓住他性格最脆弱的部分呢？

罗斯福经过思考，最后，微微一笑。他已下定了决心——美军在1944年上半年参加西线登陆战。

正义密码

"轴心国"的常败军

　　在第二次世界大战中，意大利是德国的铁杆盟友，是最顽固的法西斯强盗，然而，在整个德－意－日轴心国中，意大利军队的战绩却远不如德国和日本那么"辉煌"。从意大利正式宣战到墨索里尼政权垮台的3年时间里，意大利军队虽然到处点火，但每次都是气势汹汹而去，最终却损兵折将而回。这到底是什么原因？难道是他们的国力不强吗？

二战战场上的
"常败军队"

　　在第二次世界大战中，意大利是德国的铁杆盟友，是最顽固的法西斯强盗，意大利元首墨索里尼还是德国法西斯头子希特勒崇拜的领袖人物，然而，在整个德－意－日轴心国中，意大利军队的战绩却远不如德国和日本那么"辉煌"。

　　从意大利正式宣战到墨索里尼政权垮台的3年时间里，意大利军队虽然到处点火，但每次都是气势汹汹而去，损兵折将而回。

　　鉴于意大利军队的无能，德国士兵时常尖酸地嘲笑他们的法西斯盟友，甚至直呼其为"小朋友""小兄弟"。

　　曾经有一次，在北非，一支5000人组成的意大利军队遇到一个连的英军设下的路障后就缴械投降了。由于战俘太多，英军来不及建造战俘营，只好让军需官把原材料发给意大利战俘，让他们自己搭个战俘营把自己关起来。

　　同样在北非，英军坦克向意大利的反坦克炮阵地冲锋，数量不多。冲锋开始的时候，意大利人开炮还击，刚射击了几分钟，意大利人突然停止抵抗，举了白旗。英国人不解，问其原因，意大利人理直气壮地说道："因为我们的弹药箱没有撬棍打开，所以我们被迫投降。"

　　一天，一个德军军官发现两个英军押着差不多一个连的意大利战俘，为了解救他们，军官下令向英军射击。打了好半天，麻木的意大利人终于跑起来了，不过不是朝德军这边跑，而是朝英军阵地跑去，德国军官被弄得哭笑不得。

　　萨拉洛登陆战中，组织严密的盟军在滩头没有遇到什么抵抗。据当时随

士兵在装炮弹

军记者报道，盟军在滩头遭遇的最强的抵抗来自于当地动物园，因为轰炸跑出来的一只美洲豹，咬伤了两名美军士兵，但是意大利军队早没影了。

类似讽刺意大利军队的笑话还有很多，当时一位德国军官甚至说，意大利一直以来被人们叫做"穷汉帝国主义"，意大利人的热情似乎全部被用来进行歌剧、足球等活动，打仗不是他们的强项。

意军打败仗的
原因探寻

　　1922年10月，墨索里尼组织10万人向罗马进军，法克达内阁被迫辞职，国王把政府首脑的席位授给墨索里尼，墨索里尼在意大利建立了法西斯政权，而此时的希特勒才刚刚"脱贫致富"不久，当上了规模算不上庞大的德国纳粹党的领袖。

　　15年以后，德、意、日签署《反共产国际协定》，"柏林-罗马-东京"侵略集团初具规模。这个野心勃勃的集团，看似融洽，其实有诸多的不稳定因素。

　　15年间，墨索里尼似乎没有多大的长进，希特勒却把德国变成了一架巨大的战争机器，墨索里尼在他面前变成了笨手笨脚的小兄弟。

　　希特勒每作出一个侵略决定，并不会提前通知盟友墨索里尼，而是等行动开始或者已经结束，才假惺惺地拍封电报过去，解释情况是如此紧急，以至于来不及通知意大利，这恰恰说明希特勒对意大利缺乏基本的信任。

　　另一方面，意大利又极不情愿与日本合作。

　　对墨索里尼来说，他需要获取的只是德国而不是日本的支持。墨索里尼曾经告诉他的同僚，他要一个两国同盟，而不要一个三国同盟，因为"这样的一个两国同盟就足以抵消英法的联合力量"。

　　反之，作为危险的盟友，日本肯定会把强大的美国推入英法同盟的怀抱，因为日本在太平洋和美国曾有不可避免的利益冲突。这对德意同盟来说，是非常危险的。

　　以后的事实证明，墨索里尼对日本的判断是有先见之明的。同时，意大

利人还怀疑，"冷淡而迟钝的"日本人能否同"强悍有力的意大利法西斯党人和德国纳粹党人"合作共事，是否有必要使他们自己如此深刻地卷入欧洲政治的激烈动荡之中——那可是一种只要通一次电话就能引起时局变化的政治局面啊。

　　基于相互间的不信任以及松散的联盟关系，在第二次世界大战前期，德国和意大利并没有太多的战争合作。

　　1939年9月1日，德军进攻波兰。

　　意大利内阁通过了一项动议，申明意大利处于"非交战状态"，并强调意大利"决不首先采取军事行动"。意大利原本以为，希特勒会避免在1942

希特勒会见墨索里尼

年年底以前打一场全面的战争，当这个幻想被德国进军东欧的消息粉碎以后，墨索里尼经过两个星期的深思熟虑，向希特勒委婉地推脱道，意大利尚未准备好投入战争。面对意大利的临阵退缩，希特勒也束手无策。

其实，关于是否加入希特勒的冒险行动，墨索里尼一直处在极端的矛盾之中。虽然身为轴心国之一，但是意大利的经济和军事在欧洲大国间处于软弱的地位，它的军队在面对战争时更显得准备不足。

有两件事足以证明意大利军队存在潜在的危险，一件事是远征阿尔巴尼亚时意大利陆军暴露出严重的弱点；另一件事是墨索里尼偶然发现，空军上报的能投入战斗的飞机数量被严重地夸大了。而且，墨索里尼这个法西斯独裁者把舆论看得非常重要。当时意大利人民对战争越来越恐慌，墨索里尼害怕民众的不满情绪会威胁到意大利法西斯政权的稳定。

意大利的犹豫不决使英法联盟看到了把其争取过来的希望，或者说，如果不能把意大利拉入英法阵营，至少也要诱使它走向真正的中立。盟国采取了各种各样的方式讨好意大利。英、法两国政府公开表示欣赏墨索里尼为和平而作的努力。他们提出，意大利可以选择一个角色，成为一个"伟大而友好的国家"，成为欧洲理事会的一个理事国……总之，它可以扮演自己乐于扮演的任何角色。盟国还在经济上加以诱导，甚至取消了一直在北非实行的限制意大利的措施。

另一方面，希特勒迫切地想把意大利绑在轴心国的战车上。尽管希特勒明白，意大利没有能力应付一场长期的战争，如果它介入战争，德国也许会因为照顾这位"小朋友"而消耗更多的资源。不过，德国有非常需要意大利的一面。

比如，就海军而言，德国在本国的造船计划尚未完成之际就挑起了战争，而意大利的海军却拥有许多潜艇，这对德国的整个战略会特别有用。因此，希特勒多次在公开场合表达了德国对意大利的"友好情意"。

希特勒在一封写给墨索里尼的信中，用情人般的口吻说道：

命运终于将把我们两个国家结合在一起……我要感谢你在过去给予的支持，并恳求在将来能继续得到你的支持。

话虽说得肉麻，其实在实际的军事行动中，希特勒从来没有采纳过墨索里尼的建议。

夹在强国中间的意大利，一直在静静地观察形势，它既不盲目地支持希特勒，也不主动向英法示好。

对于拉拢意大利这个问题，希特勒一直在寻找机会。1940年3月1日，局势发生了变化，英国宣布切断德国由海道运往意大利的煤炭运输，这对意大利的经济是个沉重的打击。

希特勒趁机派德国外长前去罗马转告墨索里尼："元首对于最近英国对德国从海路给意大利运煤采取封锁措施，感到异常愤慨。"

德国外长问墨索里尼："需要多少煤？"

墨索里尼回答说："每月50万吨至70万吨。"

德国外长爽快地答应："德国现在准备每月供应100万吨，而且提供运煤用的大部分车皮。"

面对德国的慷慨之举，墨索里尼并没有激动到想要派兵帮希特勒打仗的程度。他平静地告诉德国外长，对于参战一事，"是需要十分慎重考虑的，因为在一切准备工作就绪以前，意大利不应该参战，以免加重他的伙伴的负担"。

墨索里尼的答复，希特勒不甚满意，于是双方约定举行一次会谈。

3月18日清晨，希特勒和墨索里尼两个独裁者乘着各自的专车徐徐驶入坐落在高耸入云、白雪皑皑的阿尔卑斯山下的勃伦纳隘口车站。作为对墨索里尼的尊敬，会谈地点选在墨索里尼的私人车厢里。

但是，发言的几乎只是希特勒一个人，他大谈特谈德国的势不可当，不可战胜，并且兴致勃勃地谈到了德国的侵略计划。

经过希特勒天花乱坠的动员和开导，墨索里尼开始产生了忧虑，他担

199

心，如果意大利在整个战争过程中始终保持不交战，它就将丧失掉自己在欧洲的地位，丧失掉最后的机会，再也不能树立起自己的大国地位了。

根据墨索里尼的看法，意大利绝不能最终降格为欧洲的二等国家。或者说，假如意大利再不参战，德国失去了耐心，大举侵略意大利而英法两国却不做任何事来帮助意大利的话，那么意大利就会落到波兰那样的下场。事实上，畏惧德国的心理，在墨索里尼的政治考虑中占有非常重要的地位。

1940年4月9日，墨索里尼一觉醒来，发现德国已经采取了断然的行动，在丹麦和挪威登陆。

希特勒事先没有征得墨索里尼的同意，甚至都没有通知他。但是墨索里尼对希特勒的突然袭击非常热心，在给希特勒的两封信里，墨索里尼大大地表示了一番祝贺，并详述他自己的备战工作进展神速，以及意大利对英法的敌意"正在稳步增长"。

促使墨索里尼对德国态度迅速转变的原因，主要是德国在军事与政治斗争中取得的一系列胜利。从慕尼黑阴谋，到闪击波兰，到入侵北欧，德国已经越来越清楚地向世人表明了实力。

墨索里尼开始怀疑，英法盟国凭其下降的人口出生率和松懈的组织，是否是纳粹德国的对手？

随着希特勒在军事上的"胜利"，墨索里尼越来越被希特勒的魅力所折服了。当纳粹军队征服丹麦和挪威之后，墨索里尼变得"更为好战，更加亲德"了。

等到希特勒向法国进军的时候，墨索里尼几乎是惶恐不安了，他认为希特勒会单独打赢这场欧洲大战，这就等于让德国赢得了全部战争果实，意大利将沦为一个得不到尊敬的欧洲"二等国家"。

他对自己的部下说："数月之前，我就预言英法失去了获胜的机会，今天我断定他们要彻底垮台了。我们意大利人的面子是丢尽了，我们不能再犹豫了。在近期之内，我们必须向同盟国宣战。作为最高统帅，我将命令意大利空军和陆军向英、法发起攻击！"

5月30日，正当德国军队在西线捷报频传的时候，墨索里尼向希特勒宣布了他准备参战的决定。但是希特勒劝他再等上几天，以防止法国飞机由于调到意大利前线而幸免在法国北部被德军消灭。

至6月2日晚上，希特勒希望意大利参战的日子改在6月5日，可是墨索里尼却临时变卦说，军队的调动要到10日才能完成。因此，直至10日下午，意大利才把宣战书交给了英法两国。

与此同时，墨索里尼在威尼斯宫发表了演说。

他告诉国民们：

> 骰子已经掷下，我们决心破釜沉舟。为了取得进入大洋的通路，为了扩充领土，为了忠于对德国的义务，为了给意大利、给欧洲和给全世界建立一代人的公正与和平……正是这些动机，迫使意大利参加了一场它曾不遗余力地想制止的战争。

墨索里尼本想在瓜分世界的行列里分一杯羹，可惜的是，到后来是偷鸡不成反蚀一把米。

图书在版编目（CIP）数据

正义密码：第二次世界大战盟国秘事 / 胡元斌主编
. ——北京：台海出版社，2013.8（2021.5重印）
（第二次世界大战纵横录）
ISBN 978-7-5168-0257-1

Ⅰ.①正… Ⅱ.①胡… Ⅲ.①第二次世界大战—史料
Ⅳ.①K152

中国版本图书馆CIP数据核字(2013)第188672号

正义密码：第二次世界大战盟国秘事　　　　第二次世界大战纵横录

主　编：胡元斌　严　锴

责任编辑：马思捷　　　　　　　　装帧设计：大华文苑
版式设计：大华文苑　　　　　　　责任印制：严欣欣　吴海兵

出版发行：台海出版社
地　　址：北京市东城区景山东街20号　　　邮政编码：100009
电　　话：010－64041652（发行，邮购）
传　　真：010－84045799（总编室）
网　　址：www.taimeng.org.cn/thcbs/default.htm
E-mail：thcbs@126.com

经　　销：全国各地新华书店
印　　刷：北京九天鸿程印刷有限责任公司
本书如有破损、缺页、装订错误，请与本社联系调换

开　本：710×1000　　　1/16
字　数：210千字　　　　　　　　　　　印　张：13
版　次：2014年1月第1版　　　　　　　印　次：2021年5月第4次印刷
书　号：ISBN 978-7-5168-0257-1

定　价：48.00元

版权所有　翻印必究